MANUAL PRÁTICO DAS PROCURAÇÕES

Teoria • Modelos • Legislação • Glossário
Índice Alfabético-Remissivo

"O livro é a porta que se abre para a realização do homem."

Jair Lot Vieira

Jair Lot Vieira

MANUAL PRÁTICO DAS PROCURAÇÕES

Teoria • Modelos • Legislação • Glossário
Índice Alfabético-Remissivo

edipro

MANUAL PRÁTICO DAS PROCURAÇÕES

Teoria • Modelos • Legislação • Glossário

Jair Lot Vieira

1ª Edição 2010

Dados Internacionais de Catalogação na Publicação (CIP)
(Câmara Brasileira do Livro, SP, Brasil)

Vieira, Jair Lot (1946-)

Manual prático das procurações : teoria, modelos, legislação, glossário, índice alfabético-remissivo : Jair Lot Vieira. -- Bauru, SP : EDIPRO, 2010.

ISBN 978-85-7283-689-0

1. Direito civil 2. Procuração 3. Procuração – Leis e legislação I. Vieira, Jair Lot.

10-03591 CDU-347.133.4

Índices para catálogo sistemático:
1. Procuração : Manual : Direito civil : 347.133.4

edipro

edições profissionais ltda.

São Paulo: Fone (11) 3107-4788 – Fax (11) 3107-0061
Bauru: Fone (14) 3234-4121 – Fax (14) 3234-4122
www.edipro.com.br

SUMÁRIO

Considerações Gerais

Para fazermos um negócio, fechar um acordo, um contrato e até casarmos, se faz necessário a presença física dos contratantes ou contraentes.

Em muitas ocasiões, na velocidade em que as coisas atualmente ocorrem, nos deparamos com a necessidade de estarmos em dois ou mais lugares ao mesmo tempo.

Para tanto, podemos nos fazer representar, por outras pessoas a quem delegamos poderes.

Para delegarmos tais poderes, encontramos em nosso direito, os Contratos de Mandato, mais conhecidos como Procurações.

Mandato vem de *manus*, mão, e *data*, dada; *mandata,* "mão dada", porque o mandatário apertava a mão do seu constituinte, em sinal de que lhe prometia desvelar-se no negócio comissionado. Esse era o símbolo de fidelidade na antiguidade.

Desse aperto de mão resultavam os atos jurídicos e responsabilidades. Assim, os mandatários respondiam pelas faltas cometidas no exercício do mandato, do mesmo modo que o mandante ficava obrigado para com o mandatário.

Em sua definição mais abrangente, *Mandato, é um contrato pelo qual alguém recebe de outrem, poderes, para em seu nome e segundo sua vontade, representá-lo, praticar atos ou administrar interesses, responsabilizando-se por aqueles atos que ultrapassem os poderes outorgados.*

Hoje, o mandato pode ser outorgado por *instrumento particular* ou *instrumento público*, forma essa que se impõe diante de cada negócio.

Há cartórios que não aceitam a procuração particular para venda de imóveis, tendo-se em vista o Provimento de cada Tribunal de Justiça Estadual, que impõe a forma pública, fundamentando-se no artigo 108 no Código Civil vigente.

Então há a necessidade de se verificar, no caso de imóveis, por exemplo, no Cartório de Registro de Imóveis onde o mesmo está registrado, qual é a forma de procuração aceita.

Além disso, para todos os atos que exijam escritura pública, a procuração também terá de ser dada por escritura pública, já ***que a procuração deve ter a mesma forma que o ato realizado***.

O Código Civil determina, nos seus artigos 108, 109 e 657 que:

> ***Art. 108.*** *Não dispondo a lei em contrário, a escritura pública é essencial à validade dos negócios jurídicos que visem à constituição, transferência, modificação ou renúncia de direitos reais sobre imóveis de valor superior a trinta vezes o maior salário mínimo vigente no País.*
>
> ***Art. 109.*** *No negócio jurídico celebrado com a cláusula de não valer sem instrumento público, este é da substância do ato.*
>
> ***Art. 657.*** *A outorga do mandato está sujeita à forma exigida por lei para o ato a ser praticado. Não se admite mandato verbal quando o ato deva ser celebrado por escrito.*

No Estado de São Paulo, há o Provimento nº 58/1989, que dispõe sobre normas da Corregedoria Geral de Justiça dos serviços extrajudiciais, devendo ser consultado para dirimir quaisquer dúvidas acerca da aceitabilidade dos mandatos privados e públicos.

Vivemos hoje, em um mundo em que é necessário provar tudo o que fazemos, seja por testemunhas, seja por contratos. É nesse instante que surgem os Mandatários, pessoas que em nome de outrem, criam, exercitam, dispõem, usufruem ou extinguem direitos.

Cada mandato ou procuração deve conter todos os poderes outorgados e especificar sempre que possível a que se destina, de forma específica, evitando o excesso de poder.

O Código Civil, dispõe, dentro do Direito das Obrigações, um capítulo especial, dentro dos contratos, referentes a Mandatos e as Procurações, que compreende os artigos 653 a 692.

1. CLASSIFICAÇÃO DO INSTRUMENTO DE MANDATO

Dentro da Classificação mais utilizada, o Instrumento de Mandato pode ser: *formal* ou *informal; público* ou *privado.*

1.1. Formal

É *formal*, quando para a realização do Ato, a procuração deve ter determinada forma ou conter poderes especiais, que sempre devem vir declarados no corpo do mandato pelo outorgante, pois não são simples poderes e devem vir expressos, caso contrário, os atos não poderão ser praticados.

1.2. Informal

Ao contrário, o *informal*, é aquele que pode ter qualquer forma, e conter simples delegação de poder, sem a necessidade de se declarar poderes especiais, podendo tomar qualquer forma.

1.3. Público

Os instrumentos *mandatórios públicos*, são aquelas procurações elaboradas por Oficial de Cartório em que a delegação de poderes é feita na sua presença, e sempre dotada de fé pública. Pode ser elaborada para outorgar qualquer poder ou poderes.

1.4. Privado

Já os *privados*, são aqueles elaborados e assinados pelas partes pura e simplesmente.

Ainda, é interessante esclarecer que as procurações devem conter alguns elementos indispensáveis à sua validade.

É o caso do reconhecimento de firma. Este é o ato no qual o Outorgante ou Declarante, leva a procuração a um Cartório, para que sua assinatura seja autenticada.

O Reconhecimento de firma pode ser por semelhança ou presencial.

Por semelhança, o Oficial cartorário, afirma que aquela assinatura parece com a que ele dispõe em seus registros. A presencial, a assinatura é aposta na presença do oficial cartorário.

A nomenclatura ou finalidade da procuração é quem vai dar o nome correto ao mandato. Isso significa afirmar que uma procuração pode ser: *ad judicia* – ou para fins judiciais; *ad negocio* – ou para fins comerciais em geral; *ad extra* – para todos os fins.

O mandato extingue-se pela *revogação, renúncia, morte ou interdição de quaisquer partes, mudança que inabilite o mandante para transferir poderes a outrem, término do prazo ou pela conclusão do negócio*.

2. CANCELAMENTO OU REVOGAÇÃO DE PROCURAÇÃO

É o ato pelo qual o Outorgante do Mandato revoga os poderes dados ao Outorgado. Para ter efeito, é necessário que haja a ciência da Revogação pelo Outorgado, devendo então, ou ser dada contrafé por escrito ou outro meio capaz de provar que Outorgado teve ciência da renúncia (aviso de recebimento, telegrama, etc.).

> ***FULANO DE TAL****, nacionalidade, estado civil, Cédula de Identidade/RG nº (...), CPF/MF nº (...), residente e domiciliado na Rua (...), nº (...), Cidade(...), Estado de (...), com telefone nº (...), venho informar ao SR. SICRANO De TAL, nacionalidade, estado civil, Cédula de Identidade/RG nº (...), CPF/MF nº (...), advogado com registro na OAB sob nº (...), com escritório na Rua (...), nº (...), Cidade (...), Estado de (...), com telefone nº (...), que (explicar o motivo), foi lhe dada Procuração com a especial finalidade de (explicar a finalidade da procuração a ser revogada), e que a*

> *partir desta data (ou data do recebimento se por carta),* ***REVOGO*** *os poderes até então outorgados para este fim (ou que a revogação seja para determinado poder).*
>
> *Cidade, dia, mês e ano.*
>
> *Assinatura*
>
> *Nome*
>
> *RG nº*

Observações:

1. *Se o mandato contiver cláusula de "irrevogabilidade" e o mandante revogar o mandato, deve pagar perdas e danos;*
2. *A notificação de revogação de mandato, deve ser feita ao procurador/mandatário e a todos aqueles em que o negócio ou o objeto da procuração está sendo executado, sob pena de responsabilidade dos atos praticados;*
3. *Se o mandatário não quiser receber ou assinar a contrafé da revogação, deve se enviar o documento por carta registrada com aviso de recebimento, ou, ainda melhor, ser entregue por oficial do cartório de títulos e documentos, no qual, sempre passará recibo e é dotado de fé pública.*

3. RENÚNCIA DE PROCURAÇÃO

Renúncia é o ato pelo qual o Outorgado do Instrumento Procuratório desiste de ser mandatário do Outorgante. É necessário que haja a ciência da Renúncia pelo Outorgante, devendo então ou ser dada contrafé por escrito ou outro meio capaz de provar que o Outorgante tomou ciência da renúncia (aviso de recebimento, telegrama, etc.).

> ***SICRANO DE TAL****, nacionalidade, estado civil, Cédula de Identidade/RG nº (...), CPF/MF nº (...), advogado com registro na OAB sob nº (...), com escritório na Rua (...), nº (...), Cidade (...), Estado de (...), com telefone nº (...), venho notifi-*

*car o Sr. **FULANO DE TAL**, nacionalidade, estado civil, Cédula de Identidade/RG nº (...), CPF/MF nº (...), residente e domiciliado na Rua (...), nº (...), Cidade (...), Estado de (...), com telefone nº (...), que (explicar o motivo), foi me dada Procuração com a especial finalidade de (explicar a finalidade da procuração a ser renunciada), e que a partir desta data (ou data do recebimento se por carta), **RENUNCIO** aos poderes até então outorgados para este fim (ou que a revogação seja para determinado poder).*

Cidade, dia, mês e ano.

Assinatura

Nome

RG nº

Observações:

1. *Se a renúncia for prejudicial ao mandante pela inoportunidade, ou pela falta de tempo para providenciar novo mandatário, o mandante deverá ser indenizado, salvo se ficar provado que não podia continuar com o mandato sem prejuízo considerável, e que não tinha poderes para substabelecer.*
2. *Se o mandato contiver cláusula de "irrevogabilidade" e o mandante revogar o mandato, deve pagar perdas e danos;*
3. *A notificação de renúncia de mandato, deve ser feita ao procurador/mandatário e a todos aqueles em que o negócio ou o objeto da procuração está sendo executado, sob pena de responsabilidade dos atos praticados;*
4. *Se o mandatário não quiser receber ou assinar a contrafé da renúncia, deve se enviar o documento por carta registrada com aviso de recebimento, ou, ainda melhor, ser entregue por oficial do cartório de títulos e documentos, no qual, sempre passará recibo e é dotado de fé pública;*
5. *Se o mandato for judicial, o prazo para o mandatário continuar no processo de forma obrigatória até o mandante encontrar outro mandatário, é de 10(dez) dias.*

4. SUBSTABELECIMENTO

Substabelecimento é o ato pelo qual o Outorgado originário transfere os poderes que lhe foram conferidos a outrem. Essa transferência pode se dar "com reserva" ou "sem reserva" de poderes.

O poder para Substabelecer deve estar previsto no Instrumento Procuratório.

No primeiro caso, na reserva de poderes, o substabelecente se mantém com os poderes anteriormente dado, podendo trabalhar em conjunto ou só com o novo Outorgado, podendo ainda ser o Substabelecimento para um único ato ou não.

No segundo caso, sem a reserva de poderes, o substabelecente transfere todos os poderes que lhe foram concedidos pelo Outorgante originário, não mantendo qualquer vínculo com o Substabelecido ou com o Outorgante originário da procuração.

> *Por este instrumento particular de substabelecimento de procuração, eu,* ***FULANO DE TAL****, nacionalidade, estado civil, Cédula de Identidade/RG nº (...), CPF/MF nº (...), residente e domiciliado na Rua (...), nº (...), Cidade (...), Estado de (...), com telefone nº (...),* ***SUBSTABELEÇO SICRANO DE TAL****, nacionalidade, estado civil, Cédula de Identidade/RG nº (...), CPF/MF nº (...), advogado com registro na OAB sob nº (...), com escritório na Rua (...), nº (...), Cidade (...), Estado de (...), com telefone nº nos poderes que me foram outorgados pelo SR. BELTRANO* ***DE TAL****, nacionalidade, estado civil, Cédula de Identidade/RG nº (...), CPF/MF nº (...), residente e domiciliado na Rua (...), nº (...), Cidade (...), Estado de (...), com telefone nº (...), para o fim especial de (descrever o objeto da procuração outorgada), que SEGUE ANEXA.*
>
> *Local,*
>
> *Data*
>
> *Assinatura do substabelecente.*

Observações: Reconhecer firma do substabelecente.

5. NOTAS EXPLICATIVAS

5.1. Via consulado – Para brasileiro no estrangeiro

Os consulados brasileiros contam com seguintes serviços, conforme expõe o Itamaraty do Ministério das Relações Exteriores:

5.1.1. Funções dos consulados

- proteger os interesses dos cidadãos brasileiros, desde que estejam de acordo com a legislação brasileira e com as leis locais;
- prestar auxílio e aconselhamento jurídico para cidadãos desvalidos, sem no entanto poder agir como parte legalmente constituída perante Órgãos locais;
- ***exercer as funções de Notário Público e de oficial de Registro Civil, e, como tal, emitir certidões de nascimento, casamento, óbito, procurações, declarações, etc.***
- expedir documentos de viagem (passaportes, etc.) e efetuar anotações nos mesmos;
- atuar como órgão alistador militar;
- proceder ao alistamento eleitoral em época de eleições presidenciais e conduzir os processos eleitorais em sua jurisdição;
- prestar informações relativas ao imposto de renda;
- prestar informações relativas à legislação aduaneira e afins;
- emitir cédula de identificação consular;
- autenticar documentos para que produzam efeitos no Brasil;
- expedir certificados e atestados previstos na legislação brasileira;
- conceder, de acordo com a legislação brasileira, vistos de entrada para que cidadãos estrangeiros possam ingressar em território nacional.

5.1.2. Recomendações importantes

A autoridade consular trabalha com o propósito básico de não permitir que os cidadãos brasileiros em trânsito, residentes ou domiciliados sofram qualquer tipo de discriminação.

Todo problema relativo à detenção, prisão ou falecimento de cidadão brasileiro deverá ser imediatamente levado ao conhecimento da autoridade consular brasileira.

Os consulados, entretanto, não pode responsabilizar-se por dívidas e despesas incorridas por brasileiros, nem por sua repatriação (a não ser em casos excepcionais, devidamente autorizados pelo Ministério das Relações Exteriores), e tampouco pela contratação de advogados para eventual defesa de cidadão brasileiro junto a órgãos judiciários, a menos que sejam comprovadamente desvalidos, e a critério exclusivo da autoridade consular.

5.1.3. Documentos emitidos pelos consulados – Custos

A assistência consular prestada pelos Consulados é inteiramente gratuita. A legalização e a emissão de documentos, no entanto, envolvem um custo operacional e administrativo pelo respectivo serviço, previsto pela Portaria nº 619, de 16.12.1992. O valor de cada legalização ou documento varia, sendo estipulado em REAL-OURO, moeda específica para a cobrança dos emolumentos consulares, semelhantes às taxas cobradas pelos Cartórios, cujo valor se acha vinculado à variação da moeda local em relação ao dólar norte-americano.

5.1.4. Documentos não fornecidos pelos Consulados

- As Repartições consulares brasileiras possuem atribuições específicas, que visam a, primordialmente, prestar auxílio emergencial aos brasileiros residentes, domiciliados ou em trânsito no exterior. Além disso, buscam satisfazer às necessidades notariais e documentais mínimas, a fim de que os cidadãos brasileiros possam estar no pleno exercício de seus direitos como cidadãos. Entretanto, limitações de ordem legal impedem que determinados serviços sejam prestados, já que escapam à competência do Ministério das Relações Exteriores, ou dependem de uma série de requisitos prévios, que o serviço consular não está em condições de atender.

Assim, os Consulados não poderão fornecer certos serviços, documentos, certidões, atestados, carteiras, títulos, diplomas e declarações como, por exemplo:

- Mudança dos dados de qualificação civil, como, por exemplo, retificações do nome;
- Carteira Nacional de Habilitação, que é fornecida pelos DETRANS estaduais ou pelo DENATRAN;
- Título de Eleitor, fora dos períodos.

Notas:

Qualquer ato lícito pode ser objeto de mandato, à exceção de testamento e de depoimento pessoal.

O outorgante em procuração pública a ser emitida pelo Consulado deve ter obrigatoriamente a nacionalidade brasileira.

Só o cidadão brasileiro pode fazer uma procuração na Repartição Consular. O cônjuge estrangeiro, no entanto, deverá fazer a procuração de acordo com a legislação de seu país (em geral é feita perante um notário público) e depois deve levar o documento para ser legalizado na Repartição Consular.

No entanto, há exceção para o caso do cônjuge que possui carteira RNE (Registro Nacional de Estrangeiros) válida. Este poderá outorgar procuração na Repartição Consular.

Estrangeiros portadores de Registro Nacional de Estrangeiro (RNE) podem solicitar uma procuração pública ao Consulado. Indivíduos de outras nacionalidades devem autenticar sua procuração, sucessivamente, em Notário Público, "County Clerk" e Secretaria de Estado.

Para solicitar uma procuração pública ao Consulado-Geral do Brasil em Washington, por exemplo, o requerente deve submeter um formulário de procuração devidamente preenchido, com a qualificação completa do outorgante e do outorgado, e descrição (em redação clara e concisa) dos poderes conferidos. O formulário de solicitação de procuração pode ser submetido ao Consulado:

- pessoalmente – horário de atendimento: de segunda a sexta-feira, das 9:00 às 14:00 horas
- via e-mail (consular@consbrasdc.org)
- via correio ou fax (ver endereço completo do Consulado): https://gestao.abe.mre.gov.br/mundo/america-do-norte/estados-unidos-da-america/washington/avisos/endereco-telefones-e-direcoes

Após o recebimento do formulário de solicitação de procuração, uma data para a assinatura do instrumento de mandato será agendada pelo Consulado.

O outorgante deverá necessariamente comparecer ao Consulado, munido de passaporte brasileiro válido ou carteira de identidade – RG. Portadores de Registro Nacional de Estrangeiros devem apresentar o cartão RNE e passaporte válido.

O pagamento dos emolumentos consulares é efetuado na data da assinatura e recebimento da procuração.

5.1.5. Dos poderes conferidos

A procuração deve conter todos os poderes suficientes para que o OUTORGADO seja capaz de realizar sua tarefa, como por exemplo:

> *A quem confere amplos, gerais e ilimitados poderes para o fim especial de administração, podendo fazer contratos de locação, estipulando cláusulas e condições, aceite do fiador; rescindir, alterar ou prorrogar contratos; promover despejos, executar inquilinos e fiadores; receber alugueis, taxas, condomínio e indenizações; dar recibos e quitações; prometer, vender, ceder, hipotecar ou por qualquer forma alienar e gravar bens do outorgante, assim como prometer comprar ou fazê-lo receber e transmitir direito, domínio, ação e posse; responder la evicção; representá-lo perante repartições federais, estaduais e munici-*

pais e autárquicas; participar de reuniões de condomínio votando e sendo votado, assinar guias de impostos, inclusive de transmissão; representá-lo especialmente junto a quaisquer órgãos, inclusive da Receita Federal, tratar de assunto de Imposto de Renda, fazendo e assinando declarações e recursos, pagando impostos e recebendo devoluções; movimentar contas bancárias em quaisquer Bancos e especialmente no Banco do Brasil S.A. e no Banco do Estado da Guanabara S.A., verificando saldos, retirando talões, emitindo e endossando cheques, autorizando aumentos inclusive por cartas; fazendo contratos de empréstimo ou renovando-os e aceitando cláusulas, condições e juros; contratos de financiamentos e assinar toda a documentação necessária, inclusive notas promissórias correspondentes aos contratos firmados remover e realizar obras nos imóveis do outorgante; dar e receber quitação conforme dispõe os artigos 36 a 40 do Código de Processo Civil e os artigos 653 a 692 do Código Civil, outorgando-lhe amplos poderes, inerentes ao bom e fiel cumprimento deste mandato, bem como para o foro em geral, conforme estabelecido no artigo 38 do Código de Processo Civil, e os especiais para transigir, fazer acordo, firmar compromisso, substabelecer, renunciar, desistir, reconhecer a procedência do pedido, receber intimações, receber e dar quitação, praticar todos atos perante repartições públicas Federais, Estaduais e Municipais, e órgãos da administração pública direta e indireta, recorrer a quaisquer instâncias e tribunais, podendo atuar em conjunto ou separadamente, e substabelecer enfim, todos os demais atos necessários e indispensáveis ao fiel cumprimento do presente mandato, o que tudo dar por bom, firme e valioso.

5.2. Analfabeto

As procurações emitidas por analfabetos, sempre deverão ser públicas e passadas perante Oficial do Cartório, que depois de escrito, a lerá e confirmará, tantos os poderes conferidos quanto à situação de analfabetismo.

Existe a possibilidade de a Procuração ser conferida por instrumento particular, assinado por 2(duas) testemunhas, mas, em muitos casos, tal instrumento não é aceito já que não a declaração constante do instrumento procuratório particular não é dotado de fé pública.

Isso ocorrer porque o Oficial do Cartório é dotado de fé pública, presumindo-se até prova em contrário, que as Declarações e poderes conferidos pelo Outorgante ao Outorgado do Mandato são verdadeiras e foi feita na sua presença.

5.3. Deficientes

As procurações emitidas por deficientes, poderão ser públicas ou privadas. Tudo vai depender da deficiência do Outorgante e a forma como esta deficiência interfere na manifestação de sua vontade.

Nos casos onde há dificuldade na expressão da vontade ou na verificação desta por parte do Outorgante, as procurações devem ser públicas. Onde não há qualquer interferência, os mandatos podem ser privados.

Da mesma forma como os modelos apresentados, aconselha-se que as procurações tenham o reconhecimento de firma do outorgante.

Em tais casos, é interessante ainda a aposição de assinatura por 2 (duas) testemunhas.

5.4. Email

As procurações emitidas e enviadas por emails, podem até serem aceitas mediante assinatura digital de autenticidade do documento, mas não há previsão legal para o aceite do instrumento.

Nestes casos, o que pode haver é uma composição entre as partes, e, nos casos de extrema urgência, por mandatos recebidos por email, os atos serem praticados, mediante a afirmação do Oficial de Cartório expedidor da Procuração, de existir o Instrumento Mandatório perante ele ao Oficial de Cartório destinatário, ficando o resultado final ou a conclusão do fato postergados para data futura, sendo necessário a apresentação original do instrumento mandatório.

5.5. Fax

As procurações emitidas e enviadas por fax, podem até serem aceitas, mas não há previsão legal para o aceite.

Nestes casos, o que pode haver é uma composição entre as partes, e, nos casos de extrema urgência, por mandatos recebidos por fax, os atos serem praticados, mediante a afirmação do Oficial expedidor da Procuração, de existir o Instrumento Mandatório perante ele ao Oficial de Cartório destinatário, ficando o resultado final ou a conclusão do fato e condicionado à apresentação original do instrumento mandatório.

Modelos

01. ADVOGADO – SIMPLES *AD JUDICIA*

PROCURAÇÃO *AD JUDICIA*

OUTORGANTE

FULANO DE TAL, nacionalidade, estado civil, Cédula de Identidade/RG nº (...), CPF/MF nº (...), residente e domiciliado na Rua (...), nº (...), Cidade (...), Estado de (...), com telefone nº (...);

OUTORGADO

SICRANO DE TAL, nacionalidade, estado civil, Cédula de Identidade/RG nº (...), CPF/MF nº (...), advogado com registro na OAB sob nº ..., com escritório na Rua (...), nº (...), Cidade (...), Estado de (...), com telefone nº (...).

Com plenos poderes *AD JUDICIA,* conforme dispõe os artigos 36 a 40 do Código de Processo Civil e os artigos 653 a 692 do Código Civil, outorgando-lhe amplos poderes, inerentes ao bom e fiel cumprimento deste mandato, bem como para o foro em geral, conforme estabelecido no artigo 38 do Código de Processo Civil, e os especiais para transigir, fazer acordo, firmar compromisso, substabelecer, renunciar, desistir, reconhecer a procedência do pedido, receber intimações, receber e dar quitação, praticar todos atos perante repartições públicas Federais, Estaduais e Municipais, e órgãos da administração pública direta e indireta, recorrer a quaisquer instâncias e tribunais, podendo atuar em conjunto ou separadamente, dando tudo por bom e valioso, com fim específico para **REQUERER ALVARÁ OU QUALQUER OUTRA AÇÃO.**

Cidade, dia, mês e ano.

Assinatura

Nome

RG nº

Observações: Reconhecer firma do outorgante.

02. ADVOGADO – SIMPLES POR PROCURAÇÃO

PROCURAÇÃO *AD JUDICIA*

OUTORGANTE

FULANO DE TAL, nacionalidade, estado civil, Cédula de Identidade/RG nº (...), CPF/MF nº (...), residente e domiciliado na Rua (...), nº (...), Cidade (...), Estado de (...), com telefone nº (...) neste ato **REPRESENTADO PELO SR. BELTRANO DE TAL**, nacionalidade, estado civil, Cédula de Identidade/RG nº (...), CPF/MF nº (...), residente e domiciliado na Rua (...), nº (...), Cidade (...), Estado de (...), com telefone nº (...).

OUTORGADO

SICRANO DE TAL, nacionalidade, estado civil, Cédula de Identidade/RG nº (...), CPF/MF nº (...), advogado com registro na OAB sob nº ..., com escritório na Rua (...), nº (...), Cidade (...), Estado de (...), com telefone nº (...).

Com plenos poderes *AD JUDICIA,* conforme dispõe os artigos 36 a 40 do Código de Processo Civil e os artigos 653 a 692 do Código Civil, outorgando-lhe amplos poderes, inerentes ao bom e fiel cumprimento deste mandato, bem como para o foro em geral, conforme estabelecido no artigo 38 do Código de Processo Civil, e os especiais para transigir, fazer acordo, firmar compromisso, substabelecer, renunciar, desistir, reconhecer a procedência do pedido, receber intimações, receber e dar quitação, praticar todos atos perante repartições públicas Federais, Estaduais e Municipais, e órgãos da administração pública direta e indireta, recorrer a quaisquer instâncias e tribunais, podendo atuar em conjunto ou separadamente, dando tudo por bom e valioso, com fim específico para **REQUERER ALVARÁ OU QUALQUER OUTRA AÇÃO.**

Cidade, dia, mês e ano.

Assinatura

Nome

pp. Beltrano de Tal

RG nº

Observações: Reconhecer firma do outorgante.

03. ABERTURA/FECHAMENTO/SERVIÇO ESSENCIAL

PROCURAÇÃO

OUTORGANTE

FULANO DE TAL, nacionalidade, estado civil, Cédula de Identidade/RG nº (...), CPF/MF nº (...), residente e domiciliado na Rua (...), nº (...), Cidade (...), Estado de (...), com telefone nº (...);

OUTORGADO

SICRANO DE TAL, nacionalidade, estado civil, Cédula de Identidade/RG nº (...), CPF/MF nº (...), residente e domiciliado na Rua (...), nº (...), Cidade (...), Estado de (...), com telefone nº (...).

Com plenos e amplos poderes para o OUTORGADO para receber legado, representando-o, em processo de partilha dos bens do *de cujus* (...). Sendo para tanto conferido ao OUTORGADO poderes para o foro em geral, além dos poderes especiais necessários à realização deste instrumento particular, podendo o OUTORGADO assinar, outorgar, substabelecer e dar quitação ao espólio e ao testamenteiro, seja através de instrumento público ou na forma de termo nos autos.

Cidade, dia, mês e ano.

Assinatura

Nome

RG nº

Observações: Reconhecer firma do outorgante.

04. *AD NEGOTIA*

PROCURAÇÃO

OUTORGANTE

FULANO DE TAL, nacionalidade, estado civil, Cédula de Identidade/RG nº (...), CPF/MF nº (...), residente e domiciliado na Rua (...), nº (...), Cidade (...), Estado de (...), com telefone nº (...).

OUTORGADO

SICRANO DE TAL, nacionalidade, estado civil, Cédula de Identidade/RG nº (...), CPF/MF nº (...), residente e domiciliado na Rua (...), nº (...), Cidade (...), Estado de (...), com telefone nº (...).

A quem confere amplos, gerais e ilimitados poderes para o fim especial de administração, especiais poderes para gerir e administrar todos os negócios e interesses do outorgante, podendo comprar e vender mercadorias ligadas ao ramo de negócios do outorgante; assinar e endossar duplicatas e títulos de crédito, assim como notas de venda; emitir notas promissórias, letras de câmbio e cheques; movimentar contas bancárias em quaisquer estabelecimentos de crédito; fazer descontos e empréstimos bancários estabelecendo condições e cláusulas; ordenar pagamentos inclusive por cartas; autorizar o protesto de títulos; conceder novos prazos e prorrogações; admitir empregados, fixando seus salários, e dispensá-los; representar o outorgante perante quaisquer repartições federais, estaduais, muni pais e autarquias, inclusive no Instituto Nacional de Previdência Social; assinar o que necessário relativamente ao Fundo de Garantia de Tempo de Serviço e Programa de Integração Social; assinar declarações e fazer provas e recursos perante os órgãos do posto de Renda; pagar impostos e taxas e reclamar sua devolução; receber vales-postais e *colis postaux*; pedir o desembaraço e mercadorias na Alfândega e assinar despachos e demais documentos; votar em assembleias de credores; aceitar ou não proposta de concordatas e recuperação judicial, assim como requerer falências e recuperação judicial, aceitar a função de síndico; receber dividendos, subscrever ações de companhias; constituir procurador *ad judicia*, com os mais amplos poderes, inclusive de desistir, acordar, concordar e transigir, praticar os atos para o integral cumprimento do mandato, enfim, todos os demais atos necessários e indispensáveis ao fiel cumprimento do presente mandato, o que tudo dar por bom, firme e valioso.

Cidade, dia, mês e ano.

Assinatura

Nome

RG nº

Observações: Reconhecer firma do outorgante.

05. ADMINISTRAÇÃO DE BENS

PROCURAÇÃO

OUTORGANTE

FULANO DE TAL, nacionalidade, estado civil, Cédula de Identidade/RG nº (...), CPF/MF nº (...), residente e domiciliado na Rua (...), nº (...), Cidade (...), Estado de (...), com telefone nº (...);

OUTORGADO

SICRANO DE TAL, nacionalidade, estado civil, Cédula de Identidade/RG nº (...), CPF/MF nº (...), residente e domiciliado na Rua (...), nº (...), Cidade (...), Estado de (...), com telefone nº (...).

Com plenos poderes para administrar seus bens *(descrever os bens a administrar)*, podendo fazer contratos de locação, estipular cláusulas e condições, aceitar e recusar fiadores; rescindir contratos ou transferi-los e promover despejos e fazer acordos, receber aluguéis e indenizações, dando recibos e quitações, contratar obras necessárias a segurança e conservação dos imóveis; movimentar contas bancárias perante quaisquer estabelecimentos bancários, inclusive no Banco do Brasil, emitir, assinar e endossar cheques, fazer depósitos e retiradas mediante recibos, autorizar débitos, transferências e pagamentos por cartas ou outro meio; dar ordens e contra-ordens, requisitar talões de cheques, verificar saldos, conferir extratos, retirar o cartão magnético, inserir senha e utilizá-lo; representar o outorgante perante quaisquer repartições públicas e administrativas federais, estaduais, municipais e autárquicas, requerer, promover, alegar e assinar tudo que for preciso, juntar e retirar papeis e documentos, fazer declarações e justificações, assinar termos de compromisso e de responsabilidade; podendo, finalmente dito procurador, constituir advogado com poderes gerais para o foro, com a cláusula *ad judicia*, perante qualquer Juízo, Instância ou Tribunal, propondo contra quem de direito quaisquer ações e defender nas que forem propostas; praticando, enfim, todos os demais atos necessários ao fiel desempenho do presente mandato, o que tudo dará por bom, firme e valioso.

Cidade, dia, mês e ano.

Assinatura / Nome / RG nº

Observações: Reconhecer firma do outorgante.

06. ADMINISTRAÇÃO DE EDIFÍCIOS

PROCURAÇÃO

OUTORGANTE

FULANO DE TAL, nacionalidade, estado civil, Cédula de Identidade/RG nº (...), CPF/MF nº (...), residente e domiciliado na Rua (...), nº (...), Cidade (...), Estado de (...), com telefone nº (...), síndico do Edifício (...) localizado na Rua (...), devidamente autorizado pela assembleia geral do condomínio,

OUTORGADO

SICRANO DE TAL, nacionalidade, estado civil, Cédula de Identidade/RG nº (...), CPF/MF nº (...), residente e domiciliado na Rua (...), nº (...), Cidade (...), Estado de (...), com telefone nº (...).

A quem confere amplos, gerais e ilimitados poderes para o fim especial de administração, podendo, especialmente, contratar e fixar ordenados de e regados, dispensá-los, promover as medidas necessárias à conservação e manutenção da limpeza das partes comuns, dos elevadores serviços de água e lixo, fazer obras de conservação até o montante de R$ (...) (por extenso) e, mediante autorização da assembleia dos condôminos, as de valor superior a esse; pagar imposto, fazer recolhimento ao INSS e ao Fundo de Garantia do Tempo de Serviço; representar o condomínio perante repartições federais, estaduais, municipais e autárquicas, em qualquer juízo, instância ou tribunal, constituindo os necessários advogados com poderes *ad judicia*, cobrar amigável ou judicialmente cotas de condomínio, multas e juros; fazer cumprir o regulamento do edifício; pagar impostos, requerer, recorrer, juntar e retirar documento praticar todos os atos necessários ao cumprimento deste mandato e substabelecer poderes parciais sem que isso a exonere de suas responsabilidades enfim, todos os demais atos necessários e indispensáveis ao fiel cumprimento do presente mandato, o que tudo dar por bom, firme e valioso.

Cidade, dia, mês e ano.

Assinatura / Nome / RG nº

Observações: Reconhecer firma do outorgante.

07. ADMINISTRAÇÃO DE EMPRESA

PROCURAÇÃO

OUTORGANTE

FULANO DE TAL, nacionalidade, estado civil, Cédula de Identidade/RG nº (...), CPF/MF nº (...), residente e domiciliado na Rua (...), nº (...), Cidade (...), Estado de (...), com telefone nº (...);

OUTORGADO

SICRANO DE TAL, nacionalidade, estado civil, Cédula de Identidade/RG nº (...), CPF/MF nº (...), residente e domiciliado na Rua (...), nº (...), Cidade (...), Estado de (...), com telefone nº (...).

Com plenos poderes gerais e ilimitados para gerir e administrar a FIRMA OUTORGANTE *(qualificar a empresa)*, podendo para tanto, tratar de todos os negócios concernentes a mesma, pagar e receber contas, comprar e vender mercadorias de seu ramo de comércio ou indústria, cobrar e receber amigável ou judicialmente de seus devedores tudo quanto por qualquer título seja devido, passar recibos e dar quitações, abrir e encerrar contas correntes junto a Bancos em geral, inclusive no Banco do Brasil, podendo depositar, levantar e retirar quaisquer importância, aceitar, assinar, emitir e endossar cheques, solicitar saldos, verificar extratos, requisitar talões de cheques, tomar saques, dar ordens e contra-ordens, autorizar débitos, aceitar, assinar, emitir, endossar e avalizar notas promissórias, sacar, aceitar e avalizar letras de câmbio, emitir, reconhecer, endossar e avalizar duplicatas, assinar borderôs, assinar contratos de abertura de crédito, empréstimo e financiamento, autorizar abatimentos, descontos, prorrogações de títulos em cobrança, protestar títulos; representar a FIRMA OUTORGANTE perante as repartições públicas e administrativas em geral, inclusive Instituto Nacional do Seguro Social, Justiça do Trabalho, Delegacia Regional do Trabalho, Ministério do Trabalho, Diretoria do Imposto sobre Renda, Receita Federal, Empresas de Telecomunicações, de Água e de Energia Elétrica, Companhias de Seguros em geral, Delegacias de Polícia, Prefeituras e onde mais com esta se apresentar e necessário fora; retirar da Empresa Brasileira de Correios e Telégrafos registrados, vales postais, encomendas e mercadorias; admitir, punir e demitir empregados, assinar guias, livros e papeis fiscais, liquidar questões trabalhistas; assinar toda a correspondência da FIRMA OUTORGANTE, inclusive a dirigida a Bancos, assinar para movimentação do Fundo de Garantia por Tempo de Serviço; representar a FIRMA OUTORGANTE em juízo, constituir advogados investidos dos poderes contidos na cláusula *ad judicia*, propor quaisquer ações, assumir compromissos e fazer acordos, receber e dar quitação, receber intimações, citações e notificações, requerer falência de seus devedores, conceder ou embargar concordatas, fazer declarações e cessões de seus créditos, assinando, requerendo, autorizando, alegando e promovendo tudo quanto for necessário a bem dos direitos e interesses da FIRMA OUTORGANTE.

Cidade, dia, mês e ano.

Assinatura

Nome

RG nº

Observações:

(1) Reconhecer firma do outorgante.

(2) Juntar Contrato Social que prove os poderes de representação do outorgante junto a empresa.

08. ADMINISTRAÇÃO DE PROPRIEDADE RURAL

PROCURAÇÃO

OUTORGANTE

FULANO DE TAL, nacionalidade, estado civil, Cédula de Identidade/RG nº (...), CPF/MF nº (...), residente e domiciliado na Rua (...), nº (...), Cidade (...), Estado de (...), com telefone nº (...)

OUTORGADO

SICRANO DE TAL, nacionalidade, estado civil, Cédula de Identidade/RG nº (...), CPF/MF nº (...), residente e domiciliado na Rua (...), nº (...), Cidade (...), Estado de (...), com telefone nº (...).

A quem confere amplos, gerais e ilimitados poderes para o fim especial de administração de propriedade rural do outorgante *(qualificar a propriedade)*, podendo comprar e vender animais, negociar os produtos do solo, inclusive safras pendentes; fazer quaisquer operações de crédito necessárias às atividades que vai dirigir; obter financiamento e contrair empréstimos, dando em garantia criação ou produtos agrícolas, máquinas e demais implementos; acertar cláusulas, condições, juros e prazos; receber e pagar quaisquer quantias dando recibos e quitações; movimentar· contas bancárias, emitir e endossar cheques, verificar saldos e retirar talões; admitir e dispensar empregados; fazer contratos de parceria, de locação de pastos, invernadas ou áreas de cultivo; adquirir o que necessário e assinar as respectivas duplicatas e faturas; representar o outorgante perante quaisquer repartições federais, estaduais e municipais ou autarquias, inclusive de previdência social em geral; fazer seguros contra fogo e acidentes de trabalho, adquirir viaturas, tratores e máquinas agrícolas; constituir procurador *ad judicia*, em qualquer juízo, instância ou tribunal, podendo propor e variar de ações e recursos, receber citação inicial, acordar, concordar, transigir e desistir, praticando todos os atos necessários ao integral cumprimento deste mandato e substabelecer enfim, todos os demais atos necessários e indispensáveis ao fiel cumprimento do presente mandato, o que tudo dar por bom, firme e valioso.

Cidade, dia, mês e ano.

Assinatura / Nome /RG nº

Observações: Reconhecer firma do outorgante.

09. ADMINISTRAÇÃO GERAL

PROCURAÇÃO

OUTORGANTE

FULANO DE TAL, nacionalidade, estado civil, Cédula de Identidade/RG nº (...), CPF/MF nº (...), residente e domiciliado na Rua (...), nº (...), Cidade (...), Estado de (...), com telefone nº (...).

OUTORGADO

SICRANO DE TAL, nacionalidade, estado civil, Cédula de Identidade/RG nº (...), CPF/MF nº (...), residente e domiciliado na Rua (...), nº (...), Cidade (...), Estado de (...), com telefone nº (...).

A quem confere amplos, gerais e ilimitados poderes para o fim especial de administração, podendo fazer contratos de locação, estipulando cláusulas e condições, aceite do fiador; rescindir, alterar ou prorrogar contratos; promover despejos, executar inquilinos e fiadores; receber alugueis, taxas, condomínio e indenizações; dar recibos e quitações; prometer, vender, ceder, hipotecar ou por qualquer forma alienar e gravar bens do outorgante, assim como prometer comprar ou fazê-lo receber e transmitir direito, domínio, ação e posse; responder la evicção; representá-lo perante repartições federais, estaduais e municipais e autárquicas; participar de reuniões de condomínio votando e sendo votado, assinar guias de impostos, inclusive de transmissão; representá-lo especialmente junto a quaisquer órgãos, inclusive da Receita Federal, tratar de assunto de Imposto de Renda, fazendo e assinando declarações e recursos, pagando impostos e recebendo devoluções; movimentar contas bancárias em quaisquer Bancos e especialmente no Banco do Brasil S.A. e no Banco do Estado da Guanabara S.A., verificando saldos, retirando talões, emitindo e endossando cheques, autorizando aumentos inclusive por cartas; fazendo contratos de empréstimo ou renovando-os e aceitando cláusulas, condições e juros; contratos de financiamentos e assinar toda a documentação necessária, inclusive notas promissórias correspondentes aos contratos firmados remover e realizar obras nos imóveis do outorgante; dar e receber quitação e substabelecer enfim, todos os demais atos necessários e indispensáveis ao fiel cumprimento do presente mandato, o que tudo dar por bom, firme e valioso.

Cidade, dia, mês e ano.

Assinatura

Nome

RG nº

Observações: Reconhecer firma do outorgante.

10. ADMINISTRAÇÃO GERAL ENTRE CÔNJUGES

PROCURAÇÃO

OUTORGANTE

FULANO DE TAL, nacionalidade, estado civil, Cédula de Identidade/RG nº (...), CPF/MF nº (...), residente e domiciliado na Rua (...), nº (...), Cidade (...), Estado de (...), com telefone nº (...).

OUTORGADO

SICRANO DE TAL, nacionalidade, estado civil, Cédula de Identidade/RG nº (...), CPF/MF nº (...), residente e domiciliado na Rua (...), nº (...), Cidade (...), Estado de (...), com telefone nº (...).

A quem confere amplos, gerais e ilimitados poderes para o fim especial de administração, e para tratar de todos os negócios do casal, ou pessoais do outorgante, administrá-los, comprar, vender, doar, permutar, gravar ou de qualquer forma onerar ou prometer fazê-lo, sejam bens imóveis, direitos, ações e valores, assinar compromissos e obrigações; fazer contratos, estipular cláusulas, condições e preços, dar e receber quaisquer garantias, inclusive fiança, pagar impostos, representá-lo perante repartições federais, estaduais, municipais e autárquicas; fazer e assinar declaração do imposto de renda; requerer, recorrer, juntar e retirar documentos, aceitar e assinar escrituras; receber e transmitir direito, ação e posse e domínio; responder pela evicção; movimentar contas bancárias, emitir e endossar cheques, verificar saldos, retirar talões, abrir e encerrar contas bancárias, inclusive no Banco (...), Agência nº (...), Conta nº, Investimento nº (...) acordar, concordar e transigir; constituir procurador *ad judicia* e substabelecer enfim, todos os demais atos necessários e indispensáveis ao fiel cumprimento do presente mandato, o que tudo dar por bom, firme e valioso.

Cidade, dia, mês e ano.

Assinatura / Nome / RG nº

Observações:

1. Reconhecer firma do outorgante.

2. Algumas instituições condicionam a movimentação financeira a apresentação de procuração pública.

11. ADMINISTRAR EMPRESA

PROCURAÇÃO

OUTORGANTE

FULANO DE TAL, nacionalidade, estado civil, Cédula de Identidade/RG nº (...), CPF/MF nº (...), residente e domiciliado na Rua (...), nº (...), Cidade (...), Estado de (...), com telefone nº (...);

OUTORGADO

SICRANO DE TAL, nacionalidade, estado civil, Cédula de Identidade/RG nº (...), CPF/MF nº (...), residente e domiciliado na Rua (...), nº (...), Cidade (...), Estado de (...), com telefone nº (...).

Com plenos e amplos poderes, gerais e ilimitados para o fim específico de, gerir e administrar a empresa outorgante *(qualificar a empresa)*, podendo para tanto, tratar de todos os assuntos que lhe são concernentes, judicial ou extrajudicialmente, realizar negócios dentro do ramo em que a mesma se dedica, vender e comprar mercadorias, representá-la perante as repartições públicas em geral, ministérios e seus departamentos e onde mais preciso for e com esta se apresentar, a bem e na defesa de seus direitos e interesses, juntar, desentranhar, retirar, apresentar e assinar papeis, documentos, guias e requerimentos, certidões, certificados, alvarás de licença, formulários, realizar entrevistas, esclarecer dúvidas, apresentar provas e recursos, pagar impostos, taxas e emolumentos, admitir, demitir e dispensar empregados, fixando-lhes penalidades e remunerações, assinar carteiras de trabalho e seus atos consequentes, abrir, movimentar e encerrar contas correntes em quaisquer bancos e caixas econômicas, inclusive Banco do Estado de São Paulo S.A. e Banco do Brasil S.A., requisitar talonários de cheques, emitir, endossar e assinar cheques, ordens de pagamentos e guias de retiradas, solicitar saldos e extratos, autorizar débitos, créditos, transferências, aplicações, assinar todos os papeis e documentos necessários e de praxe bancária, emitir, endossar, descontar, aceitar, assinar e protestar duplicatas, notas promissórias, letras de câmbio e quaisquer outros títulos de crédito, dar instruções, autorizar abatimentos, prorrogações, assinar contratos e borderôs, entregar franco de pagamento ou para simples cobrança, podendo ainda, contratar e constituir advogados com poderes da cláusula *ad judicia* para o foro em geral, perante qualquer Juízo, Instância ou Tribunal, inclusive na esfera trabalhista e mais os especiais de transigir, desistir, firmar compromissos, acordos e composições, propor contra quem de direito as ações que entender conveniente, defendê-la nas contrárias, requerer medidas assecuratórias de seus direitos, preventivas e/ou preliminares, usar dos recursos legais, receber notificação, citação e intimação, cobrar e receber amigável ou judicialmente tudo quanto lhe for devido ou tiver direito a qualquer título ou pessoa, assinando recibos e dando quitação, constituir advogados, dar ciente em títulos e documentos, enfim, praticar todos os demais atos indispensáveis ao cabal e fiel cumprimento do presente mandato, podendo inclusive substabelecer. E, de como assim o disse, me pediu e eu lhe lavrei este instrumento que, depois de lido em voz alta e achado em tudo conforme, aceitou, outorgou e assina.

Cidade, dia, mês e ano.

Assinatura

Nome

RG nº

Observações:

(1) Reconhecer firma do outorgante.

(2) Juntar Contrato Social que prove os poderes de representação do outorgante junto a empresa.

12. ALIENAR COTAS DE EMPRESA

PROCURAÇÃO

OUTORGANTE

FULANO DE TAL, nacionalidade, estado civil, Cédula de Identidade/RG nº (...), CPF/MF nº (...), residente e domiciliado na Rua (...), nº (...), Cidade (...), Estado de (...), com telefone nº (...);

OUTORGADO

SICRANO DE TAL, nacionalidade, estado civil, Cédula de Identidade/RG nº (...), CPF/MF nº (...), residente e domiciliado na Rua (...), nº (...), Cidade (...), Estado de (...), com telefone nº (...).

Com poderes amplos, gerais e ilimitados para o fim especial de alienar, vender, ceder ou transferir a quem convier a quotas que é detentor da FIRMA, podendo para tanto, ajustar preço, receber, passar recibo e dar quitação; assinar requerimentos, termos de compromissos e de responsabilidade, juntar e retirar papeis e documentos; estabelecer cláusulas e condições e assinar a alteração contratual, representar o OUTORGANTE perante as repartições públicas e administrativas federais, estaduais, municipais e autárquicas, requerendo e assinando tudo que se fizer necessário, praticando, enfim, todos os demais atos necessários ao fiel desempenho do presente mandato, o que tudo dará por bom, firme e valioso.

Cidade, dia, mês e ano.

Assinatura

Nome

RG nº

Observações: Reconhecer firma do outorgante.

13. ARRENDAMENTO DE TERRAS E OUTROS CONTRATOS

PROCURAÇÃO

OUTORGANTE

FULANO DE TAL, nacionalidade, estado civil, Cédula de Identidade/RG nº (...), CPF/MF nº (...), residente e domiciliado na Rua (...), nº (...), Cidade (...), Estado de (...), com telefone nº (...).

OUTORGADO

SICRANO DE TAL, nacionalidade, estado civil, Cédula de Identidade/RG nº (...), CPF/MF nº (...), residente e domiciliado na Rua (...), nº (...), Cidade (...), Estado de (...), com telefone nº (...).

A quem confere amplos, gerais e ilimitados poderes para o fim especial de administração, e especiais poderes para arrendar, contratar a exploração, fazer contratos de parceria e meação, de toda ou de parte de propriedade do outorgante denominada (...), no município de (...), Estado de (...), podendo acertar cláusulas, condições, preços, receber sinal, princípio de pagamento, parcelas ou o inclusive produtos *in natura*, imitir na posse; dar recibos e quitações; aceitar ou recusar fiadores; acordar, concordar, transigir, dar recibos e quitações; constituir procurador *ad judicia* com amplos e gerais poderes em qualquer Juízo, instância ou Tribunal, podendo substabelecer enfim, todos os demais atos necessários e indispensáveis ao fiel cumprimento do presente mandato, o que tudo dar por bom, firme e valioso.

Cidade, dia, mês e ano.

Assinatura

Nome

RG nº

Observações: Reconhecer firma do outorgante.

14. ARREMATAR BENS

PROCURAÇÃO

OUTORGANTE

FULANO DE TAL, nacionalidade, estado civil, Cédula de Identidade/RG nº (...), CPF/MF nº (...), residente e domiciliado na Rua (...), nº (...), Cidade (...), Estado de (...), com telefone nº (...).

OUTORGADO

SICRANO DE TAL, nacionalidade, estado civil, Cédula de Identidade/RG nº (...), CPF/MF nº (...), residente e domiciliado na Rua (...), nº (...), Cidade (...), Estado de (...), com telefone nº (...).

A quem confere amplos, gerais e ilimitados poderes para o fim especial para comparecer ao leilão do imóvel (ou de bens diversos) podendo licitar, arrematar, dar sinal e preço, pagar impostos e comissões devidas, assinar termo ou carta de arrematação, extrair carta de arrematação e registrá-la onde necessário e praticar todos os atos necessários para o cumprimento deste mandato, constituir procurador *ad judicia* enfim, todos os demais atos necessários e indispensáveis ao fiel cumprimento do presente mandato, o que tudo dar por bom, firme e valioso.

Cidade, dia, mês e ano.

Assinatura

Nome

RG nº

Observações: Reconhecer firma do outorgante.

15. ARRENDAR OU MEIAR TERRAS

PROCURAÇÃO

OUTORGANTE

FULANO DE TAL, nacionalidade, estado civil, Cédula de Identidade/RG nº (...), CPF/MF nº (...), residente e domiciliado na Rua (...), nº (...), Cidade (...), Estado de (...), com telefone nº (...);

OUTORGADO

SICRANO DE TAL, nacionalidade, estado civil, Cédula de Identidade/RG nº (...), CPF/MF nº (...), residente e domiciliado na Rua (...), nº (...), Cidade (...), Estado de (...), com telefone nº (...).

Com plenos e amplos poderes para o OUTORGADO especialmente para representá-lo em atividade de arrendar ou meiar terras de propriedade do OUTORGANTE consubstanciada especificamente na gleba de terras situada no distrito (...), Cidade (...), no Estado (...), sob o Registro nº (...), do Cartório do (...) Ofício de Registro de Imóveis, com as descrições contidas no cadastro do INCRA, que se faz anexo a este, bem como livre de ônus ou quaisquer dívidas, podendo o OUTORGADO transacionar sobre o preço, forma e prazos para o pagamento, além de estipular multas e quaisquer cláusulas decorrentes do exercício deste mandato. Pode, ainda, assinar documentos e recibos dando quitação, rescindir e prorrogar contrato e ser responsável pela conservação do imóvel.

Cidade, dia, mês e ano.

Assinatura

Nome

RG nº

Observações: Reconhecer firma do outorgante.

16. ASSEMBLEIA DE CONDOMÍNIO

PROCURAÇÃO

OUTORGANTE

FULANO DE TAL, nacionalidade, estado civil, Cédula de Identidade/RG nº (...), CPF/MF nº (...), residente e domiciliado na Rua (...), nº (...), Cidade (...), Estado de (...), com telefone nº (...);

OUTORGADO

SICRANO DE TAL, nacionalidade, estado civil, Cédula de Identidade/RG nº (...), CPF/MF nº (...), residente e domiciliado na Rua (...), nº (...), Cidade (...), Estado de (...), com telefone nº (...).

Com plenos e amplos poderes, para o fim específico de representar-me nas Assembleias do Condomínio Nome do Edifício, podendo para tanto, assinar livros próprios, atas e demais papeis e documentos, votar, ser votado, aprovar ou não contas, orçamentos, deliberações, apresentar documentos, prestar declarações, solicitar informações, esclarecer dúvidas, pedir esclarecimentos, enfim, praticar todos os demais atos indispensáveis ao cabal e fiel cumprimento do presente mandato, a bem e na defesa dos direitos e interesses da mandante.

Cidade, dia, mês e ano.

Assinatura

Nome

RG nº

Observações:

(1) *A procuração particular deve estar com a firma da mandante reconhecida em cartório.*

(2) *Deve ser assinada apenas pela pessoa que está concedendo os poderes.*

17. ASSEMBLEIA DE CONDOMÍNIO – ATO ÚNICO

PROCURAÇÃO

OUTORGANTE

FULANO DE TAL, nacionalidade, estado civil, Cédula de Identidade/RG nº (...), CPF/MF nº (...), residente e domiciliado na Rua (...), nº (...), Cidade (...), Estado de (...), com telefone nº (...),proprietário do apartamento nº (...)

OUTORGADO

SICRANO DE TAL, nacionalidade, estado civil, Cédula de Identidade/RG nº (...), CPF/MF nº (...), residente e domiciliado na Rua (...), nº (...), Cidade (...), Estado de (...), com telefone nº (...).

A quem confere amplos, gerais e ilimitados poderes para o fim especial de representá-lo na Assembleia de condôminos do Edifício e realizar no dia (...) de (...) de 20 (...), podendo debater todas as matérias constantes da ordem do dia, impugnar o debate e votação de matérias estranhas a essa ordem do dia; examinar documentos e contas, aceitá-las ou impugná-los; propor a destituição de síndico ou de administrador; concordar ou não com a realização de obras e dos orçamentos propostos, assim como quanto à alteração da cota de condomínio; votar e ser votado para as funções de síndico, subsíndico, escolher administradora, constituir advogado com os necessários poderes e praticar todos os atos necessários para o cumprimento deste mandato, enfim, todos os demais atos necessários e indispensáveis ao fiel cumprimento do presente mandato, o que tudo dar por bom, firme e valioso.

Cidade, dia, mês e ano.

Assinatura

Nome

RG nº

Observações: Reconhecer firma do outorgante.

18. ASSEMBLEIA DE SOCIEDADE ANÔNIMA

PROCURAÇÃO

OUTORGANTE

FULANO DE TAL, nacionalidade, estado civil, Cédula de Identidade/RG nº (...), CPF/MF nº (...), residente e domiciliado na Rua (...), nº (...), Cidade (...), Estado de (...), com telefone nº (...).

OUTORGADO

SICRANO DE TAL, nacionalidade, estado civil, Cédula de Identidade/RG nº (...), CPF/MF nº (...), residente e domiciliado na Rua (...), nº (...), Cidade (...), Estado de (...), com telefone nº (...).

A quem confere amplos, gerais e ilimitados poderes para o fim especial de representá-lo nas assembleias de acionistas de Sociedade Anônima (XXX) S/A. (ou das sociedades anônimas tais) podendo discutir e votar as matérias constantes da ordem do dia, votar e s votado em eleições para a Diretoria, Conselho Fiscal e outros órgãos da Sociedade, examinar documentos e contas, impugnar, concordar, assinar atas e livros de presença e praticar todos os atos necessários ao cumprimento deste mandato podendo substabelecer enfim, todos os demais atos necessários e indispensáveis ao fiel cumprimento do presente mandato, o que tudo dar por bom, firme e valioso.

Cidade, dia, mês e ano.

Assinatura

Nome

RG nº

Observações: Reconhecer firma do outorgante.

19. ASSUNTOS BANCÁRIOS

PROCURAÇÃO

OUTORGANTE

FULANO DE TAL, nacionalidade, estado civil, Cédula de Identidade/RG nº (...), CPF/MF nº (...), residente e domiciliado na Rua (...), nº (...), Cidade (...), Estado de (...), com telefone nº (...);

OUTORGADO

SICRANO DE TAL, nacionalidade, estado civil, Cédula de Identidade/RG nº (...), CPF/MF nº (...), residente e domiciliado na Rua (...), nº (...), Cidade (...), Estado de (...), com telefone nº (...).

Com plenos e amplos poderes, a quem confere os mais amplos, gerais e ilimitados poderes para o fim especial de movimentar a conta bancária, junto ao BANCO, podendo para tanto o(a) referido(a) procurador(a) endossar, sacar, retirar, depositar, avalizar, e assinar cheques, fazer depósitos, operações de créditos e levantar fundos depositados, solicitar saldos, extratos, cartões e talões de cheques, enfim praticar todos os demais atos relacionados ao trâmite bancário.

Cidade, dia, mês e ano.

Assinatura

Nome

RG nº

Observações:

(1) Assinatura, nome e RG de duas testemunhas.

(2) Reconhecer firma do outorgante e das testemunhas.

____

20. ASSUNTOS VEICULARES

PROCURAÇÃO

OUTORGANTE

FULANO DE TAL, nacionalidade, estado civil, Cédula de Identidade/RG nº (...), CPF/MF nº (...), residente e domiciliado na Rua (...), nº (...), Cidade (...), Estado de (...), com telefone nº (...);

OUTORGADO

SICRANO DE TAL, nacionalidade, estado civil, Cédula de Identidade/RG nº (...), CPF/MF nº (...), residente e domiciliado na Rua (...), nº (...), Cidade (...), Estado de (...), com telefone nº (...).

Com plenos e amplos poderes, a quem confere os mais amplos, gerais e ilimitados poderes para o fim especial único de licenciar o veiculo de marca/modelo, chassi, placa, ano, cor, para tratar e cuidar de todos os negócios e interesses dele outorgante, podendo para tanto o(a,s) referido(a,s) procurador(a,es) requerer, alegar e assinar tudo o que preciso for, apresentar provas e documentos, prestar declarações e esclarecimentos, podendo ainda representá-lo(a,s) perante quaisquer repartições públicas em geral, inclusive autarquias, DETRAN, CIRETRAN, DELEGACIAS e outros, nelas requerendo, alegando e assinando tudo que preciso for, aceitar e assinar todos e quaisquer papeis, licenciamentos, documentos, recibos e o que mais preciso for, enfim praticar todos os demais atos que mister se torne ao fiel cumprimento do presente mandato.

Cidade, dia, mês e ano.

Assinatura

Nome

RG nº

Observações: Reconhecer firma do outorgante.

21. AUTORIZAÇÃO JUDICIAL E PASSAPORTE PARA MENOR

PROCURAÇÃO

FULANO DE TAL, nacionalidade, estado civil, Cédula de Identidade/RG nº (...), CPF/MF nº (...), residente e domiciliado na Rua (...), nº (...), Cidade (...), Estado de (...), com telefone nº (...);

OUTORGADO

SICRANO DE TAL, nacionalidade, estado civil, Cédula de Identidade/RG nº (...), CPF/MF nº (...), residente e domiciliado na Rua (...), nº (...), Cidade (...), Estado de (...), com telefone nº (...).

A quem confere os mais amplos, gerais e ilimitados poderes para representar junto à Vara da Infância e da Juventude, Comarca de (...), Estado de (...), Brasil, para requerer e retirar autorização judicial para concessão de novo passaporte, sem restrição territorial e temporal, junto ao Consulado-Geral da República Federativa do Brasil em (...) (cidade), (...) (país), para seu(sua) filho(a) menor (...), nascido(a) em (.../.../...), cidade de (...), Estado de (...), portador(a) da Certidão de Nascimento nº (...), fls. (...), do livro (...), lavrada no Cartório de Registro Civil de (...), Estado de (...), Brasil, podendo, para tanto, assinar requerimentos, formulários, papéis e outros documentos, juntar e retirar documentos, prestar declarações e informações necessárias, pagar taxas e emolumentos; substabelecer advogado, praticar, enfim, todos os demais atos necessários ao fiel cumprimento do presente mandato.

Cidade, dia, mês e ano.

Assinatura

Nome

RG nº

Observações: Reconhecer firma do outorgante.

22. CASAMENTO

PROCURAÇÃO

OUTORGANTE

FULANO DE TAL, nacionalidade, estado civil, Cédula de Identidade/RG nº (...), CPF/MF nº (...), residente e domiciliado na Rua (...), nº (...), Cidade (...), Estado de (...), com telefone nº (...);

OUTORGADO

SICRANO DE TAL, nacionalidade, estado civil, Cédula de Identidade/RG nº (...), CPF/MF nº (...), residente e domiciliado na Rua (...), nº (...), Cidade (...), Estado de (...), com telefone nº (...).

Com plenos e amplos poderes, gerais e ilimitados poderes para o fim específico de, tratar de todos os assuntos de interesse dele outorgante, relacionados ao seu casamento com (...) pelo regime da [comunhão / separação] de bens, junto ao Cartório de Registro Civil competente, podendo para tanto, apresentar documentos, prestar declarações de estilo, solicitar informações, solicitar a publicação de editais, marcar e escolher a data, local e hora para a realização do referido casamento, optar pelo regime de [comunhão / separação] como acima declarado, assinar livros próprios, assinar requerimentos, petições e demais documentos, assumir compromissos e obrigações, enfim, praticar todos os demais atos indispensáveis ao cabal e fiel cumprimento do presente mandato.

E, de como assim o disse, me pediu e eu lhe lavrei este instrumento que, depois de lido em voz alta e achado em tudo conforme, aceitou, outorgou e assina.

Cidade, dia, mês e ano.

Assinatura / Nome / RG nº

Observações:

1. *A procuração particular deve estar com a firma da mandante reconhecida em cartório.*
2. *Deve ser assinada apenas pela pessoa que está concedendo os poderes.*

23. CESSÃO DE DIREITOS

PROCURAÇÃO

OUTORGANTE

FULANO DE TAL, nacionalidade, estado civil, Cédula de Identidade/RG nº (...), CPF/MF nº (...), residente e domiciliado na Rua (...), nº (...), Cidade (...), Estado de (...), com telefone nº (...);

OUTORGADO

SICRANO DE TAL, nacionalidade, estado civil, Cédula de Identidade/RG nº (...), CPF/MF nº (...), residente e domiciliado na Rua (...), nº (...), Cidade (...), Estado de (...), com telefone nº (...).

Com amplos, gerais e ilimitados poderes para o fim especial de ceder ou transferir a quem convier, pelo preço e condições que convencionar, o imóvel constituído por (descrição do imóvel), podendo para esse fim, receber o preço e dar quitação, descrever, confrontar, dar metragens e melhor caracterizar o imóvel, transmitir posse, domínio, direitos e ação, responder pela evicção de direito, outorgar, aceitar e assinar a competente escritura com todas as cláusulas, condições e solenidade de estilo, inclusive de rerratificação; representar o OUTORGANTE perante quaisquer repartições públicas e administrativas federais, estaduais, municipais e autárquicas, praticando, em suma, os demais atos indispensáveis ao fiel cumprimento deste mandato.

Cidade, dia, mês e ano.

Assinatura

Nome

RG nº

Observações: Reconhecer firma do outorgante.

24. CESSÃO DE DIREITOS HEREDITÁRIOS

PROCURAÇÃO

OUTORGANTE

FULANO DE TAL, nacionalidade, estado civil, Cédula de Identidade/RG nº (...), CPF/MF nº (...), residente e domiciliado na Rua (...), nº (...), Cidade (...), Estado de (...), com telefone nº (...).

OUTORGADO

SICRANO DE TAL, nacionalidade, estado civil, Cédula de Identidade/RG nº (...), CPF/MF nº (...), residente e domiciliado na Rua (...), nº (...), Cidade (...), Estado de (...), com telefone nº (...).

A quem confere amplos, gerais e ilimitados poderes para o fim especial de ceder a (...) (ou a quem convier) pelo preço de R$ (...), por extenso, os direitos hereditários do outorgante relativos à herança deixada por (...), receber e dar quitação, fazer a descrição dos bens os referidos direitos, assinar as escrituras necessárias, subrogando os cessionários nos direitos dos cedentes outorgando-os a se habilitarem no respectivo inventário, fazer as declarações necessárias e fazer a cessão firme, enfim, todos os demais atos necessários e indispensáveis ao fiel cumprimento do presente mandato, o que tudo dar por bom, firme e valioso.

Cidade, dia, mês e ano.

Assinatura

Nome

RG nº

Observações:

1. Reconhecer firma do outorgante.

2. Alguns Estados determinam que essa procuração seja pública, seguindo a forma do instrumento principal – Contrato de Cessão.

25. COBRANÇA DE DÍVIDA

PROCURAÇÃO

OUTORGANTE

FULANO DE TAL, nacionalidade, estado civil, Cédula de Identidade/RG nº (...), CPF/MF nº (...), residente e domiciliado na Rua (...), nº (...), Cidade (...), Estado de (...), com telefone nº (...).

OUTORGADO

SICRANO DE TAL, nacionalidade, estado civil, Cédula de Identidade/RG nº (...), CPF/MF nº (...), residente e domiciliado na Rua (...), nº (...), Cidade (...), Estado de (...), com telefone nº (...).

A quem confere amplos, gerais e ilimitados poderes para o fim especial de promover contra C (ou o espólio de C) a cobrança da dívida de R$ (...) (por extenso) decorrente de (origem da dívida), requerendo o que necessário for, podendo impugnar avaliações, requerer leilões, contestar e impugnar créditos, propor e variar de ações contra o devedor (ou o espólio e herdeiros), participar de rateios, fazer acordos, transigir, receber e dar quitação, com amplos e gerais poderes *ad judicia* em qualquer juízo, instância ou tribunal e substabelecer enfim, todos os demais atos necessários e indispensáveis ao fiel cumprimento do presente mandato, o que tudo dar por bom, firme e valioso.

Cidade, dia, mês e ano.

Assinatura

Nome

RG nº

Observações: Reconhecer firma do outorgante.

26. COBRANÇA DE TÍTULO JUDICIAL

PROCURAÇÃO

OUTORGANTE

FULANO DE TAL, nacionalidade, estado civil, Cédula de Identidade/RG nº (...), CPF/MF nº (...), residente e domiciliado na Rua (...), nº (...), Cidade (...), Estado de (...), com telefone nº (...);

OUTORGADO

SICRANO DE TAL, nacionalidade, estado civil, Cédula de Identidade/RG nº (...), CPF/MF nº (...), residente e domiciliado na Rua (...), nº (...), Cidade (...), Estado de (...), com telefone nº (...).

Com plenos e amplos poderes para o OUTORGADO para representá-lo na cobrança, judicial, de todos os devedores do OUTORGANTE, em especial vale a Fulano de Tal, devedor dos títulos nº (...) (descrever os títulos), sendo conferido ao OUTORGADO poderes para o foro em geral, conforme dispõe os artigos 36 a 40 do Código de Processo Civil e os artigos 653 a 692 do Código Civil, outorgando-lhe amplos poderes, inerentes ao bom e fiel cumprimento deste mandato, bem como para o foro em geral, conforme estabelecido no artigo 38 do Código de Processo Civil, e os especiais para transigir, fazer acordo, firmar compromisso, substabelecer, renunciar, desistir, reconhecer a procedência do pedido, receber intimações, receber e dar quitação, praticar todos atos perante repartições públicas Federais, Estaduais e Municipais, e órgãos da administração pública direta e indireta, recorrer a quaisquer instâncias e tribunais, podendo atuar em conjunto ou separadamente, para fins judiciais necessários à execução do presente mandato, sendo-lhe permitido agir em casos de falências, concordatas, créditos, fazendo acordos visando sempre o interesse do OUTORGANTE, propor e acompanhar ações pertinentes, inclusive, podendo substabelecer.

Cidade, dia, mês e ano.

Assinatura / Nome / RG nº

Observações: Reconhecer firma do outorgante.

27. COBRANÇA DE TÍTULO EXTRAJUDICIAL

PROCURAÇÃO

OUTORGANTE

FULANO DE TAL, nacionalidade, estado civil, Cédula de Identidade/RG nº (...), CPF/MF nº (...), residente e domiciliado na Rua (...), nº (...), Cidade (...), Estado de (...), com telefone nº (...);

OUTORGADO

SICRANO DE TAL, nacionalidade, estado civil, Cédula de Identidade/RG nº (...), CPF/MF nº (...), residente e domiciliado na Rua (...), nº (...), Cidade (...), Estado de (...), com telefone nº (...).

Com plenos e amplos poderes para o OUTORGADO para representá-lo na cobrança extrajudicial, de todos os devedores do OUTORGANTE, sendo conferido ao OUTORGADO poderes para o foro em geral, para fins judiciais necessários à execução do presente mandato, sendo-lhe permitido agir em casos de falências, concordatas, créditos, fazendo acordos visando sempre o interesse do OUTORGANTE, propor e acompanhar ações pertinentes, inclusive, podendo substabelecer.

Cidade, dia, mês e ano.

Assinatura

Nome

RG nº

Observações: Reconhecer firma do outorgante.

28. COMPRA DE IMÓVEIS

PROCURAÇÃO

OUTORGANTE

FULANO DE TAL, nacionalidade, estado civil, Cédula de Identidade/RG nº (...), CPF/MF nº (...), residente e domiciliado na Rua (...), nº (...), Cidade (...), Estado de (...), com telefone nº (...);

OUTORGADO

SICRANO DE TAL, nacionalidade, estado civil, Cédula de Identidade/RG nº (...), CPF/MF nº (...), residente e domiciliado na Rua (...), nº (...), Cidade (...), Estado de (...), com telefone nº (...).

Com plenos poderes para comprar, prometer comprar pelo preço, prazo e condições que ajustar, o imóvel (descrever o imóvel com todos os seus dados e características), podendo para tanto, efetuar a transação, dar sinal, parcelas ou valor total, receber domínio, direito, ação e investir-se na posse; aceitar e assinar as respectivas escrituras públicas ou particulares, inclusive de rerratificação; promover o registro no Cartório de Registro de Imóveis; responder pela evicção de direito na forma da lei, ajustando cláusulas e condições, inclusive as cláusulas *ad judicia* e *ad negotia*; representá-lo(a) em repartições públicas federais, estaduais e municipais, cartórios de notas e de registro de títulos e documentos e onde mais for necessário; receber quitação do que for pago; emitir notas promissórias correspondentes às prestações que ficarem estabelecidas; assinar guias para pagamento de impostos e pagá-los; cumprir exigências; apresentar provas; juntar e retirar documentos.

Cidade, dia, mês e ano.

Assinatura/Nome/RG nº

Observações:

(1) *Reconhecer firma do outorgante.*

(2) *Por ser o fim de realizar escritura pública, nos termos do art. 108 do Código Civil, um muitos casos, podem os Oficiais de cartório, exigirem procuração pública.*

29. COMPRA DE IMÓVEIS – REPRESENTAÇÃO EM LAVRATURA DE ESCRITURA

PROCURAÇÃO

OUTORGANTE

FULANO DE TAL, nacionalidade, estado civil, Cédula de Identidade/RG nº (...), CPF/MF nº (...), residente e domiciliado na Rua (...), nº (...), Cidade (...), Estado de (...), com telefone nº (...);

OUTORGADO

SICRANO DE TAL, nacionalidade, estado civil, Cédula de Identidade/RG nº (...), CPF/MF nº (...), residente e domiciliado na Rua (...), nº (...), Cidade (...), Estado de (...), com telefone nº (...).

Com plenos e amplos poderes para procurador o OUTORGADO especialmente para representá-lo na realização de escritura de compra e venda, que lhe será transferida por (...) (caso seja o proprietário do imóvel casado, colocar o nome de sua esposa), do imóvel (...), situado na Rua (...), nº (...), bairro (...), CEP (...), Cidade (...), no Estado (...), possuindo as seguintes descrições (...) (descrever o imóvel, apontando suas dimensões). Para tanto, poderá o OUTORGADO pagar o valor do imóvel e receber quitação, além de praticar todos atos necessários à concretização da transcrição da propriedade, supra citada, para o nome do OUTORGANTE.

Cidade, dia, mês e ano.

Assinatura

Nome

RG nº

Observações:

(1) Reconhecer firma do outorgante.

(2) Por ser o fim de realizar escritura pública, nos termos do art. 108 do Código Civil, um muitos casos, podem os Oficiais de cartório, exigirem procuração pública.

30. COMPRA DE IMÓVEL PARCELADO

PROCURAÇÃO

OUTORGANTE

FULANO DE TAL, nacionalidade, estado civil, Cédula de Identidade/RG nº (...), CPF/MF nº (...), residente e domiciliado na Rua (...), nº (...), Cidade (...), Estado de (...), com telefone nº (...).

OUTORGADO

SICRANO DE TAL, nacionalidade, estado civil, Cédula de Identidade/RG nº (...), CPF/MF nº (...), residente e domiciliado na Rua (...), nº (...), Cidade (...), Estado de (...), com telefone nº (...).

A quem confere amplos, gerais e ilimitados poderes para o fim especial de comprar o imóvel (situá-lo nitidamente) pelo preço de (ou preço máximo de) para o que poderá praticar todos os atos necessários para efetuar a transação, dar sinal, princípio de pagamento ou o total (se parte for a prazo, mencionar as condições ou dizer que o procurador tem poderes para fixar cláusulas e condições), receber domínio, direito e ação, e investir-se na posse; assinar as respectivas escrituras; promover o registro no Registro de Imóveis e nas demais repartições onde isso for necessário; receber quitação do que for pago; emitir notas promissórias correspondentes às prestações que ficarem estabelecidas, e praticar todos os atos necessários ao cumprimento do mandato.

Notas:

(1) *Se a compra não for com pagamento total e a transação importar em compromissos de futuros pagamentos, multas, garantia hipotecária, etc., e o outorgante for casado, o cônjuge deverá também assinar a procuração ou dar assistência, conforme o caso.*

(2) *Deve-se atentar para o fato de que a procuração deve ter a mesma forma (pública ou particular) do ato que se deseja elaborar.*

Cidade, dia, mês e ano.

Assinatura / Nome / RG nº

Observações: Reconhecer firma do outorgante.

31. CONFESSAR DÍVIDA

PROCURAÇÃO

OUTORGANTE

FULANO DE TAL, nacionalidade, estado civil, Cédula de Identidade/RG nº (...), CPF/MF nº (...), residente e domiciliado na Rua (...), nº (...), Cidade (...), Estado de (...), com telefone nº (...).

OUTORGADO

SICRANO DE TAL, nacionalidade, estado civil, Cédula de Identidade/RG nº (...), CPF/MF nº (...), residente e domiciliado na Rua (...), nº (...), Cidade (...), Estado de (...), com telefone nº (...).

A quem confere amplos, gerais e ilimitados poderes para o fim especial de confessar a dívida de R$ (...) (por extenso) que tem com C (nome do credor) (demais dados e qualificações, se pessoa física ou jurídica), acordar com o mesmo a forma de pagamento, assumir as obrigações para isso necessárias, inclusive emitir notas promissórias ou outros documentos, praticando, em Juízo e fora dele, todos os atos necessários ao integral cumprimento deste mandato, fazer acordos, transigir, receber e dar quitação, com amplos e gerais poderes, substabelecer *ad judicia* em qualquer juízo, instância ou tribunal e substabelecer enfim, todos os demais atos necessários e indispensáveis ao fiel cumprimento do presente mandato, o que tudo dar por bom, firme e valioso.

Cidade, dia, mês e ano.

Assinatura

Nome

RG nº

Observações: Reconhecer firma do outorgante.

32. CONSÓRCIO

PROCURAÇÃO

OUTORGANTE

FULANO DE TAL, nacionalidade, estado civil, Cédula de Identidade/RG nº (...), CPF/MF nº (...), residente e domiciliado na Rua (...), nº (...), Cidade (...), Estado de (...), com telefone nº (...);

OUTORGADO

SICRANO DE TAL, nacionalidade, estado civil, Cédula de Identidade/RG nº (...), CPF/MF nº (...), residente e domiciliado na Rua (...), nº (...), Cidade (...), Estado de (...), com telefone nº (...).

Com plenos, amplos, gerais e ilimitados poderes para o fim especial de representar o(a,s) outorgante(s) perante a firma CONSÓRCIO, com a finalidade de receber em transferência as cotas de Consórcio do Grupo, número, podendo para tanto referido procurador assinar, aceitar, pagar, receber todos os papeis, documentos, contratos, transferências e o que mais preciso for, receber e dar quitação, apresentar provas e documentos, prestar declarações, pleitear transferências, enfim praticar todos os demais atos que mister se torne ao fiel cumprimento do presente mandato.

Cidade, dia, mês e ano.

Assinatura

Nome

RG nº

Observações: Reconhecer firma do outorgante.

33. CONTRAIR EMPRÉSTIMO

PROCURAÇÃO

OUTORGANTE

FULANO DE TAL, nacionalidade, estado civil, Cédula de Identidade/RG nº (...), CPF/MF nº (...), residente e domiciliado na Rua (...), nº (...), Cidade (...), Estado de (...), com telefone nº (...);

OUTORGADO

SICRANO DE TAL, nacionalidade, estado civil, Cédula de Identidade/RG nº (...), CPF/MF nº (...), residente e domiciliado na Rua (...), nº (...), Cidade (...), Estado de (...), com telefone nº (...).

A quem confere poderes para o fim especial de contrair empréstimos em nome do OUTORGANTE, junto a (...) ou qualquer Instituição Financeira, Bancos ou Caixas Econômicas, podendo, assinar o respectivo contrato, com todas as suas cláusulas e condições, concordar com prazos, juros, correção monetária, formas de pagamento, apresentar avalista ou fiadores, garantias e tudo o mais que preciso for, endossar cheques e descontá-los, perante qualquer agência bancária, praticando, enfim, todos os demais atos indispensáveis ao fiel cumprimento do presente mandato.

Cidade, dia, mês e ano.

Assinatura

Nome

RG nº

Observações: Reconhecer firma do outorgante.

34. CUIDAR DE JAZIGO

PROCURAÇÃO

OUTORGANTE

FULANO DE TAL, nacionalidade, estado civil, Cédula de Identidade/RG nº (...), CPF/MF nº (...), residente e domiciliado na Rua (...), nº (...), Cidade (...), Estado de (...), com telefone nº (...);

OUTORGADO

SICRANO DE TAL, nacionalidade, estado civil, Cédula de Identidade/RG nº (...), CPF/MF nº (...), residente e domiciliado na Rua (...), nº (...), Cidade (...), Estado de (...), com telefone nº (...).

Com plenos e amplos poderes, gerais e ilimitados para o fim especial de representar o OUTORGANTE perante a Prefeitura Municipal de, na Administração do Cemitério, na qualidade de (grau de parentesco), do jazigo sob o número (_), situado na quadra (_); podendo para tanto, fazer o recadastramento determinado pela referida Prefeitura, proceder a conservação e reformas que se fizerem necessárias, autorizar sepultamentos, exumações, abertura do referido túmulo, reformas e construções, pagar taxas quando exigidas, atender convocações de qualquer ordem, requerer quaisquer documentos junto ao órgão competente, juntar, apresentar e retirar papeis e documentos, fazer declarações, fazer doações da sepultura referenciadas, se legais achadas e autorizadas pela referida Prefeitura, responsabilizar-se, ainda, doravante, pelo zelo e bom cumprimento de quaisquer condições, determinações e imposições que recaiam sobre os mencionados túmulos, pagamento de taxas ou quaisquer despesas, as suas expensas, por ventura exigíveis, enfim, praticar todos os demais atos necessários ao fiel, completo e bom desempenho do presente mandato, dando tudo por bom, firme e valioso.

Cidade, dia, mês e ano.

Assinatura

Nome

RG nº

Observações: Reconhecer firma do outorgante.

35. DAR FIANÇA

PROCURAÇÃO

OUTORGANTE

FULANO DE TAL, nacionalidade, estado civil, Cédula de Identidade/RG nº (...), CPF/MF nº (...), residente e domiciliado na Rua (...), nº (...), Cidade (...), Estado de (...), com telefone nº (...). (SE CASADO), DEVE O CÔNJUGE TAMBÉM FAZER PARTE DA PROCURAÇÃO

OUTORGADO

SICRANO DE TAL, nacionalidade, estado civil, Cédula de Identidade/RG nº (...), CPF/MF nº (...), residente e domiciliado na Rua (...), nº (...), Cidade (...), Estado de (...), com telefone nº (...).

A quem confere amplos, gerais e ilimitados poderes para o fim especial dar fiança a C (nome), nacionalidade, estado civil, Cédula de Identidade/RG nº (...), CPF/MF nº (...), residente e domiciliado na Rua (...), nº (...), Cidade (...), Estado de (...), com telefone nº (...), no contrato (...) (ou na sua condição de empregado de) até o valor de R$ (ou sem valor fixado), podendo assinar os respectivos (contratos ou a carta de fiança) assumindo as responsabilidades disso decorrentes, para o Outorgante:e prometer fazer essas responsabilidades boas, firmes e :valiosas para ele, seus herdeiros e sucessores.

Nota: *Não comparecendo o cônjuge, terá ele de assinar a fiança ou constituir procurador para fazê-lo, ou, caso seja o único a assinar, só fazer valer a fiança sobre os bens a parte dos bens a que tem direito.*

Cidade, dia, mês e ano.

Assinatura

Nome

RG nº

Observações: Reconhecer firma do(s) Outorgante(s).

36. DECLARAR IMPOSTO DE RENDA

PROCURAÇÃO

OUTORGANTE

FULANO DE TAL, nacionalidade, estado civil, Cédula de Identidade/RG nº (...), CPF/MF nº (...), residente e domiciliado na Rua (...), nº (...), Cidade (...), Estado de (...), com telefone nº (...);

OUTORGADO

SICRANO DE TAL, nacionalidade, estado civil, Cédula de Identidade/RG nº (...), CPF/MF nº (...), residente e domiciliado na Rua (...), nº (...), Cidade (...), Estado de (...), com telefone nº (...).

Com plenos e amplos poderes para procurador o OUTORGADO como seu procurador para agir em seu nome junto à qualquer instituição federal competente sobre matéria relativa ao imposto de renda. Fica, para tanto, o OUTORGADO responsável por realizar toda atividade relacionada à solução das questões envolvendo impostos sobre a renda do OUTORGANTE, com cláusula ad judicia, sendo-lhe permitido assinar declarações, fazer requerimento de documentos necessários à execução deste mandato, informar e esclarecer às entidades competentes, movimentar processos, depositar e levantar depósito, além de poder substabelecer.

Cidade, dia, mês e ano.

Assinatura

Nome

RG nº

Observações: Reconhecer firma do outorgante.

37. DEFESA DE AUTO DE INFRAÇÃO

PROCURAÇÃO

OUTORGANTE

FULANO DE TAL, nacionalidade, estado civil, Cédula de Identidade/RG nº (...), CPF/MF nº (...), residente e domiciliado na Rua (...), nº (...), Cidade (...), Estado de (...), com telefone nº (...);

OUTORGADO

SICRANO DE TAL, nacionalidade, estado civil, Cédula de Identidade/RG nº (...), CPF/MF nº (...), residente e domiciliado na Rua (...), nº (...), Cidade (...), Estado de (...), com telefone nº (...).

Com plenos e amplos poderes para procurador o OUTORGADO para realizar a defesa de seus interesses junto ao órgão competente pelo auto de infração lavrado contra o OUTORGANTE. Para tanto, concede ao OUTORGADO poderes para movimentar os autos e realizar todas as atividades necessárias ao desenrolar do processo, como apresentar defesas, interpor recursos e requerer vista, além de efetuar depósitos de taxas, pagamento de impostos, e levantar quantias, sendo-lhe permitido, ainda, assinar documentos e substabelecer.

Cidade, dia, mês e ano.

Assinatura

Nome

RG nº

Observações: Reconhecer firma do outorgante.

38. DEFESA DE AUTO DE INFRAÇÃO – RECURSO ADMINISTRATIVO

PROCURAÇÃO

OUTORGANTE

FULANO DE TAL, nacionalidade, estado civil, Cédula de Identidade/RG nº (...), CPF/MF nº (...), residente e domiciliado na Rua (...), nº (...), Cidade (...), Estado de (...), com telefone nº (...);

OUTORGADO

SICRANO DE TAL, nacionalidade, estado civil, Cédula de Identidade/RG nº (...), CPF/MF nº (...), residente e domiciliado na Rua (...), nº (...), Cidade (...), Estado de (...), com telefone nº (...).

Com plenos e amplos poderes para o OUTORGADO para realizar a defesa de seus interesses junto ao órgão competente pelo auto de infração lavrado contra o OUTORGANTE. Para tanto, concede ao OUTORGADO poderes para movimentar os autos e realizar todas as atividades necessárias ao desenrolar do processo, como apresentar defesas, interpor recursos e requerer vista, além de efetuar depósitos de taxas, pagamento de impostos, e levantar quantias, sendo-lhe permitido, ainda, assinar documentos e substabelecer.

Cidade, dia, mês e ano.

Assinatura

Nome

RG nº

Observações: Reconhecer firma do outorgante.

39. DEFESA EM AUTO DE INFRAÇÃO – PODERES *AD JUDICIA*

PROCURAÇÃO

OUTORGANTE

FULANO DE TAL, nacionalidade, estado civil, Cédula de Identidade/RG nº (...), CPF/MF nº (...), residente e domiciliado na Rua (...), nº (...), Cidade (...), Estado de (...), com telefone nº (...).

OUTORGADO

SICRANO DE TAL, nacionalidade, estado civil, Cédula de Identidade/RG nº (...), CPF/MF nº (...), residente e domiciliado na Rua (...), nº (...), Cidade (...), Estado de (...), com telefone nº (...).

A quem confere amplos, gerais e ilimitados poderes para o fim especial de defender seus direitos e interesses no processo decorrente do auto de infração lavrado por órgão/fiscalização de trânsito contra o outorgante, concedendo-lhe amplos e gerais poderes para requerer, acompanhar o processo, apresentar defesa, recorrer, juntar e retirar documentos, promover provas, pagar e receber, dar recibo e quitação, concedendo-lhe, também, poderes *ad judicia*, conforme dispõe os artigos 36 a 40 do Código de Processo Civil e os artigos 653 a 692 do Código Civil, outorgando-lhe amplos poderes, inerentes ao bom e fiel cumprimento deste mandato, bem como para o foro em geral, conforme estabelecido no artigo 38 do Código de Processo Civil, e os especiais para transigir, fazer acordo, firmar compromisso, substabelecer, renunciar, desistir, reconhecer a procedência do pedido, receber intimações, receber e dar quitação, praticar todos atos perante repartições públicas Federais, Estaduais e Municipais, e órgãos da administração pública direta e indireta, recorrer a quaisquer instâncias e tribunais, podendo atuar em conjunto ou separadamente, podendo substabelecer enfim, todos os demais atos necessários e indispensáveis ao fiel cumprimento do presente mandato, o que tudo dar por bom, firme e valioso.

Cidade, dia, mês e ano.

Assinatura / Nome / RG nº

Observações: Reconhecer firma do outorgante.

40. DEMARCAÇÃO DE PROPRIEDADE RURAL

PROCURAÇÃO

OUTORGANTE

FULANO DE TAL, nacionalidade, estado civil, Cédula de Identidade/RG nº (...), CPF/MF nº (...), residente e domiciliado na Rua (...), nº (...), Cidade (...), Estado de (...), com telefone nº (...), legítimo proprietário/possuidor da propriedade rural denominada (...), localizada na área rural da cidade de (...), devidamente inscrita no INCRA sob o nº (...).

OUTORGADO

SICRANO DE TAL, nacionalidade, estado civil, Cédula de Identidade/RG nº (...), CPF/MF nº (...), residente e domiciliado na Rua (...), nº (...), Cidade (...), Estado de (...), com telefone nº (...).

A quem confere amplos, gerais e ilimitados poderes para o fim especial de promove a demarcação de sua propriedade acima denominada, contratar agrimensor; louvar-se peritos; promover as ações que se tornarem necessárias com confrontantes para retificação de limites; fazer acordos; transigir, desistir; receber e dar quitação; usar dos poderes *ad judicia*, representá-lo perante repartições federais, estaduais e municipais e autárquicas; assinar guias de impostos, inclusive de transmissão; representá-lo especialmente junto a quaisquer órgãos, inclusive da Receita Federal, assinando declarações e recursos, pagando impostos e recebendo devoluções; realizar obras no imóvel do outorgante; dar e receber quitação e substabelecer enfim, todos os demais atos necessários e indispensáveis ao fiel cumprimento do presente mandato, o que tudo dar por bom, firme e valioso.

Cidade, dia, mês e ano.

Assinatura

Nome

RG nº

Observações: Reconhecer firma do outorgante.

41. DESAPROPRIAÇÃO

PROCURAÇÃO

OUTORGANTE

FULANO DE TAL, nacionalidade, estado civil, Cédula de Identidade/RG nº (...), CPF/MF nº (...), residente e domiciliado na Rua (...), nº (...), Cidade (...), Estado de (...), com telefone nº (...).

OUTORGADO

SICRANO DE TAL, nacionalidade, estado civil, Cédula de Identidade/RG nº (...), CPF/MF nº (...), residente e domiciliado na Rua (...), nº (...), Cidade (...), Estado de (...), com telefone nº (...).

A quem confere amplos, gerais e ilimitados poderes para o fim especial de representá-lo perante (União, Estado ou Município) em qualquer repartição ou órgão do mesmo, no processo de desapropriação do imóvel (situação e características) do qual ele, outorgante, é proprietário (no todo ou em condomínio), podendo promover todos os entendimentos necessários com as autoridades, aceitar ou impugnar avaliações ou propostas, fazer contrapropostas, fazer acordos, transigir, firmar compromissos, vender o citado imóvel, assinar as respectivas escrituras, receber o preço e dar quitação, transmitir direito, ação, posse e domínio, respondendo pela evicção e mais usar de todos os poderes *ad judicia*, se necessários, podendo substabelecer e contratar advogado, enfim, todos os demais atos necessários e indispensáveis ao fiel cumprimento do presente mandato, o que tudo dar por bom, firme e valioso.

Cidade, dia, mês e ano.

Assinatura

Nome

RG nº

Observações: Reconhecer firma do outorgante.

42. DESEMBARAÇO ADUANEIRO

PROCURAÇÃO

OUTORGANTE

FULANO DE TAL, nacionalidade, estado civil, Cédula de Identidade/RG nº (...), CPF/MF nº (...), residente e domiciliado na Rua (...), nº (...), Cidade (...), Estado de (...), com telefone nº (...);

OUTORGADO

SICRANO DE TAL, nacionalidade, estado civil, Cédula de Identidade/RG nº (...), CPF/MF nº (...), residente e domiciliado na Rua (...), nº (...), Cidade (...), Estado de (...), com telefone nº (...).

Com plenos e amplos poderes para representá-lo(a) perante a (identificar a Região Fiscal) Região Fiscal, exclusivamente para proceder desembaraço aduaneiro de sua bagagem desacompanhada, procedente de (indicar de onde), podendo, para tanto, praticar os atos constantes do artigo 1, inciso de I a X do Decreto nº 646/1992 e, ainda, poderes especiais para requerer benefícios ou procedimentos, acompanhar vistorias aduaneiras, assinar os termos de responsabilidade, atuar no SISCOMEX, e desistir da bagagem, assumindo, em nome do outorgante, o ônus decorrente da desistência.

Cidade, dia, mês e ano.

Assinatura

Nome

RG nº

Observações: Reconhecer firma do outorgante.

43. DESPEJO

PROCURAÇÃO

OUTORGANTE

FULANO DE TAL, nacionalidade, estado civil, Cédula de Identidade/RG nº (...), CPF/MF nº (...), residente e domiciliado na Rua (...), nº (...), Cidade (...), Estado de (...), com telefone nº (...).

OUTORGADO

SICRANO DE TAL, nacionalidade, estado civil, Cédula de Identidade/RG nº (...), CPF/MF nº (...), residente e domiciliado na Rua (...), nº (...), Cidade (...), Estado de (...), com telefone nº (...).

A quem confere amplos, gerais e ilimitados poderes para o fim especial de promover o despejo de seu inquilino (nome e qualificação), que ocupa o imóvel do outorgante à Rua (...), para providenciar a necessária ação de cobrança, executar inquilinos e fiadores; receber alugueis, taxas, condomínio e indenizações; dar recibos e quitações; prometer, vender, ceder, hipotecar ou por qualquer forma alienar e gravar bens do outorgante, assim como prometer comprar ou fazê-lo receber e transmitir direito, domínio, ação e posse; responder pela evicção; assinar toda a documentação necessária, concordar e realizar obras no imóvel do outorgante; dar e receber quitação e substabelecer enfim, todos os demais atos necessários e indispensáveis ao fiel cumprimento do presente mandato, o que tudo dar por bom, firme e valioso.

Cidade, dia, mês e ano.

Assinatura

Nome

RG nº

Observações: Reconhecer firma do outorgante.

44. DISPENSA DAS FORÇAS ARMADAS

PROCURAÇÃO

OUTORGANTE

FULANO DE TAL, nacionalidade, estado civil, Cédula de Identidade/RG nº (...), CPF/MF nº (...), residente e domiciliado na Rua (...), nº (...), Cidade (...), Estado de (...), com telefone nº (...);

OUTORGADO

SICRANO DE TAL, nacionalidade, estado civil, Cédula de Identidade/RG nº (...), CPF/MF nº (...), residente e domiciliado na Rua (...), nº (...), Cidade (...), Estado de (...), com telefone nº (...).

Representá-lo junto ao Ministério da Defesa e requerer seu Certificado de Dispensa de Incorporação no Ministério do (Exército, Marinha ou Aeronáutica) podendo requerer, alegar, apresentar e retirar documentos; assinar; passar recibos e dar quitação.

Cidade, dia, mês e ano.

Assinatura

Nome

RG nº

Observações: Reconhecer firma do outorgante.

45. DISTRATO DE CONTRATO DE TRABALHO

PROCURAÇÃO

OUTORGANTE

FULANO DE TAL, nacionalidade, estado civil, Cédula de Identidade/RG nº (...), CPF/MF nº (...), residente e domiciliado na Rua (...), nº (...), Cidade (...), Estado de (...), com telefone nº (...);

OUTORGADO

SICRANO DE TAL, nacionalidade, estado civil, Cédula de Identidade/RG nº (...), CPF/MF nº (...), residente e domiciliado na Rua (...), nº (...), Cidade (...), Estado de (...), com telefone nº (...).

A quem confere amplos, gerais e ilimitados poderes para representar o OUTORGANTE perante o Ministério do Trabalho, na Junta de Conciliação e Julgamento e sindicato de classe a fim de promover a homologação do Distrato de Trabalho celebrado entre o outorgante e a firma (...); podendo, para tanto, firmar acordos, receber salário, saldo de salário, férias adquiridas, férias proporcionais, décimo terceiro salário proporcional e demais vantagens, receber, passar recibos e dar quitação, assinando e praticando o que se fizer necessário para o fiel cumprimento do presente mandato.

Cidade, dia, mês e ano.

Assinatura

Nome

RG nº

Observações: Reconhecer firma do outorgante.

46. DOAÇÃO COM RESERVA

PROCURAÇÃO

OUTORGANTE

FULANO DE TAL, nacionalidade, estado civil, Cédula de Identidade/RG nº (...), CPF/MF nº (...), residente e domiciliado na Rua (...), nº (...), Cidade (...), Estado de (...), com telefone nº (...);

OUTORGADO

SICRANO DE TAL, nacionalidade, estado civil, Cédula de Identidade/RG nº (...), CPF/MF nº (...), residente e domiciliado na Rua (...), nº (...), Cidade (...), Estado de (...), com telefone nº (...).

A quem confere amplos, gerais e ilimitados poderes para o fim especial de representar o OUTORGANTE na Escritura Pública de Doação, com reserva de Usufruto do doador, a favor dos filhos (...); do seguinte imóvel (...); podendo, para esse fim, estabelecer todas as cláusulas e condições de estilo, descrever, confrontar, dar metragens, apresentar título aquisitivo e melhor caracterizar o imóvel; transmitir, direito, ação, domínio e posse; outorgar, aceitar e assinar a respectiva escritura, inclusive de rerratificação; representá-lo perante o Oficial de Registro de Imóveis competente, requerendo, alegando, promovendo e assinando o que se fizer necessário, praticando, enfim, todos os demais atos indispensáveis para que a doação seja feita boa, firme e valiosa.

Cidade, dia, mês e ano.

Assinatura

Nome

RG nº

Observações:

(1) Reconhecer firma do outorgante.

(2) Sea doação for por escritura pública, a procuração também deverá ser pública.

47. HABILITAÇÃO PARA CASAMENTO

PROCURAÇÃO

OUTORGANTE

FULANO DE TAL, nacionalidade, estado civil, Cédula de Identidade/RG nº (...), CPF/MF nº (...), residente e domiciliado na Rua (...), nº (...), Cidade (...), Estado de (...), com telefone nº (...);

OUTORGADO

SICRANO DE TAL, nacionalidade, estado civil, Cédula de Identidade/RG nº (...), CPF/MF nº (...), residente e domiciliado na Rua (...), nº (...), Cidade (...), Estado de (...), com telefone nº (...).

A quem confere poderes para o fim especial de representar o OUTORGANTE perante o Oficial de Registro Civil competente, em todos os atos e solenidade legais para a habilitação do casamento civil, com (...), casamento esse que se realizar sob o regime da (...) de bens, podendo para tanto, o PROCURADOR, juntar e retirar papeis e documentos, prestar declarações, informações e esclarecimentos, assinar declaração, memorial, petição, termos e demais documentos exigidos; pagar taxas, custas e emolumentos devidos; requerer o dia e lugar do casamento, representá-lo, se necessário perante o Tabelião de Notas, para o fim especial de lavrar Escritura de Pacto Antenupcial, aceitando-a com todas as suas cláusulas, assinando, declarando e promovendo o que for preciso; praticando, enfim, todos os demais atos indispensáveis ao fiel cumprimento do presente mandato.

Cidade, dia, mês e ano.

Assinatura

Nome

RG nº

Observações: Reconhecer firma do outorgante.

48. HABILITAÇÃO E PARTICIPAÇÃO NO CASAMENTO

PROCURAÇÃO

OUTORGANTE

FULANO DE TAL, nacionalidade, estado civil, Cédula de Identidade/RG nº (...), CPF/MF nº (...), residente e domiciliado na Rua (...), nº (...), Cidade (...), Estado de (...), com telefone nº (...);

OUTORGADO

SICRANO DE TAL, nacionalidade, estado civil, Cédula de Identidade/RG nº (...), CPF/MF nº (...), residente e domiciliado na Rua (...), nº (...), Cidade (...), Estado de (...), com telefone nº (...).

Com amplos, gerais e ilimitados poderes para representar o(a) outorgante perante o Oficial de Registro Civil das Pessoas Naturais do Distrito de, com o fim de assinar a documentação necessária para seu casamento com, podendo, para tanto, dito procurador, apresentar e retirar documentos; assinar os documentos necessários, inclusive requerimentos, declarações, formulários específicos, (assinar Escritura de Pacto Antenupcial, se houver); podendo ainda estabelecer o Regime da Comunhão Parcial de Bens; prestar declarações; concordar ou não com termos, cláusulas, condições e demais estipulações; assinar recibos.

Cidade, dia, mês e ano.

Assinatura

Nome

RG nº

Observações: Reconhecer firma do outorgante.

49. HIPOTECA CAIXA ECONÔMICA

PROCURAÇÃO

OUTORGANTE

FULANO DE TAL, nacionalidade, estado civil, Cédula de Identidade/RG nº (...), CPF/MF nº (...), residente e domiciliado na Rua (...), nº (...), Cidade (...), Estado de (...), com telefone nº (...);

OUTORGADO

SICRANO DE TAL, nacionalidade, estado civil, Cédula de Identidade/RG nº (...), CPF/MF nº (...), residente e domiciliado na Rua (...), nº (...), Cidade (...), Estado de (...), com telefone nº (...).

Amplos poderes para representá-lo(a) junto a Caixa Econômica Federal – Escritório de Negócios em (escrever o nome da cidade), podendo contrair empréstimo hipotecário, acompanhar e dar andamento a processos hipotecários (ou ao processo hipotecário número – escrever o número); tomar ciência dos despachos; cumprir exigências; juntar e retirar documentos; requerer, recorrer, concordar, discordar e ajustar as condições de mútuo; pagar taxas de serviços; assinar os contratos necessários; ajustar preços; prometer comprar, comprar, prometer vender, vender, prometer ceder, ceder e dar em hipoteca, em qualquer grau, o imóvel sito (acrescentar o endereço); confessar dívidas; assumir obrigações; transmitir domínio, ação e posse; responder pela evicção de direitos; liquidar dívidas hipotecárias e tributos fiscais que incidam sobre o dito imóvel; ajustar o preço de venda, da cessão ou valor da hipoteca; receber, passar recibo e dar quitação total e irrevogável do preço ou valor; assinar e endossar cheques; passar recibo, dar e aceitar quitação; inclusive fazer retiradas na conta do depósito vinculado relativo ao processo; dar, se necessário, o referido imóvel em garantia hipotecária do mútuo a ser contratado na Caixa Econômica Federal; combinar cláusulas e condições, assinando os contratos necessários, inclusive de rerratificação, podendo, também, prestar as declarações exigidas pelo Decreto nº 93.240/1986, representá-lo(a) em cartórios de notas e de registro de imóveis; podendo substabelecer, comprometendo-se o outorgante (vendedor/cedende) a dar tudo por bom, firme e valioso.

Cidade, dia, mês e ano.

Assinatura / Nome / RG nº

Observações: Reconhecer firma do outorgante.

50. INSCRIÇÃO EM CONCURSO

PROCURAÇÃO

OUTORGANTE

FULANO DE TAL, nacionalidade, estado civil, Cédula de Identidade/RG nº (...), CPF/MF nº (...), residente e domiciliado na Rua (...), nº (...), Cidade (...), Estado de (...), com telefone nº (...);

OUTORGADO

SICRANO DE TAL, nacionalidade, estado civil, Cédula de Identidade/RG nº (...), CPF/MF nº (...), residente e domiciliado na Rua (...), nº (...), Cidade (...), Estado de (...), com telefone nº (...).

Com plenos e amplos poderes, a quem confere os mais amplos, gerais e ilimitados poderes para o fim de fazer inscrições, matrículas em quaisquer CONCURSOS PÚBLICOS, para tratar e cuidar de todos os assuntos, negócios e interesses dele(a,s) outorgante(s), podendo para tanto o(a,s) referido(a,s) procurador(a,s) requerer, alegar e assinar tudo o que preciso for, apresentar provas e documentos, prestar declarações e esclarecimentos, agir perante quaisquer repartições públicas, em geral quer sejam municipais, estaduais, federais, inclusive autárquicas, nelas requerendo, alegando e assinando tudo o que preciso for, pagar taxas, inscrições, matrículas e o que mais preciso for, enfim praticar todos os demais atos que mister se torne ao fiel cumprimento do presente mandato. Assim o disse e dou fé. A pedido, lavrei este instrumento, o qual feito e sendo lido em voz alta, na presença do(a) outorgante, achou-no conforme, aceitando-o tal como está redigido, outorgou e assina, dispensando expressamente a presença e assinatura de testemunhas instrumentárias para o presente ato.

Cidade, dia, mês e ano.

Assinatura

Nome

RG nº

Observações: Reconhecer firma do outorgante.

51. INVENTÁRIO E PARTILHA

PROCURAÇÃO

OUTORGANTE

FULANO DE TAL, nacionalidade, estado civil, Cédula de Identidade/RG nº (...), CPF/MF nº (...), residente e domiciliado na Rua (...), nº (...), Cidade (...), Estado de (...), com telefone nº (...);

OUTORGADO

SICRANO DE TAL, nacionalidade, estado civil, Cédula de Identidade/RG nº (...), CPF/MF nº (...), residente e domiciliado na Rua (...), nº (...), Cidade (...), Estado de (...), com telefone nº (...).

Com plenos poderes para representá-lo(a) no inventário de (nome completo do falecido), podendo requerer dito inventário, declarar bens e concordar ou não com a declaração dos mesmos, assim como com a relação e qualidade de herdeiros, aceitar inventariança assinando o respectivo compromisso; impugnar inventariantes, testamenteiros e suas contas; aceitar ou não avaliações e contas; requerer colações e adjudicações ou remissões; aprovar ou não partilhas; requerer sobrepartilhas e praticar todos os atos para o cumprimento deste mandato, intervindo mesmo em outras ações que decorram do inventário; transigir, concordar e acordar; usar dos poderes *ad judicia* e substabelecer

Cidade, dia, mês e ano.

Assinatura

Nome

RG nº

Observações: Reconhecer firma do outorgante.

52. LEVANTAR PENHOR DE JOIAS

PROCURAÇÃO

OUTORGANTE

FULANO DE TAL, nacionalidade, estado civil, Cédula de Identidade/RG nº (...), CPF/MF nº (...), residente e domiciliado na Rua (...), nº (...), Cidade (...), Estado de (...), com telefone nº (...).

OUTORGADO

SICRANO DE TAL, nacionalidade, estado civil, Cédula de Identidade/RG nº (...), CPF/MF nº (...), residente e domiciliado na Rua (...), nº (...), Cidade (...), Estado de (...), com telefone nº (...).

A quem confere amplos, gerais e ilimitados poderes para o fim especial de representá-lo perante a Caixa Econômica Federal de (...), Seção de Penhores, e em nome do outorgante pagar os juros das cautelas números (...) ou resgatar as joias empenhadas, pagando os juros e o valor do empréstimo, receber as mesmas joias, e conferi-las dando o necessário recibo e quitação, praticando todos os atos necessários ao cumprimento do mandato e substabelecer, enfim, todos os demais atos necessários e indispensáveis ao fiel cumprimento do presente mandato, o que tudo dar por bom, firme e valioso.

Cidade, dia, mês e ano.

Assinatura

Nome

RG nº

Observações: Reconhecer firma do outorgante.

____

53. MATRÍCULA ESCOLAR

PROCURAÇÃO

OUTORGANTE

FULANO DE TAL, nacionalidade, estado civil, Cédula de Identidade/RG nº (...), CPF/MF nº (...), residente e domiciliado na Rua (...), nº (...), Cidade (...), Estado de (...), com telefone nº (...);

OUTORGADO

SICRANO DE TAL, nacionalidade, estado civil, Cédula de Identidade/RG nº (...), CPF/MF nº (...), residente e domiciliado na Rua (...), nº (...), Cidade (...), Estado de (...), com telefone nº (...).

A quem confere poderes para o fim especial de efetuar a matrícula junto a Faculdade (...), no ano ou semestre (...), do curso de (...) podendo, assinar, requerer, receber, juntar e retirar quaisquer papeis e documentos que necessários sejam, pagar taxa de matrícula, mensalidades, assinar requerimentos, fazer declarações, praticar, enfim, todos os demais atos necessários e indispensáveis ao fiel cumprimento do presente mandato.

Cidade, dia, mês e ano.

Assinatura

Nome

RG nº

Observações: Reconhecer firma do outorgante.

54. MOVIMENTAÇÃO DE CONTA BANCÁRIA

PROCURAÇÃO

OUTORGANTE

FULANO DE TAL, nacionalidade, estado civil, Cédula de Identidade/RG nº (...), CPF/MF nº (...), residente e domiciliado na Rua (...), nº (...), Cidade (...), Estado de (...), com telefone nº (...);

OUTORGADO

SICRANO DE TAL, nacionalidade, estado civil, Cédula de Identidade/RG nº (...), CPF/MF nº (...), residente e domiciliado na Rua (...), nº (...), Cidade (...), Estado de (...), com telefone nº (...).

Com plenos poderes para representá-lo(a) perante qualquer instituição bancária e especialmente perante o Banco (nome do Banco), podendo abrir, movimentar e encerrar conta corrente, ou de poupança, inclusive efetuar transações na área de câmbio e quaisquer outras; retirar cartão magnético e respectiva senha, sacar, depositar, solicitar saldos, extratos de contas, talões de cheques; reconhecer e/ou contestar saldos; receber tudo quanto por qualquer título lhe seja depositado e devido; dar e receber quitações; emitir, assinar, endossar, descontar cheques; receber juros e correções monetárias; atualizar cadastros; assinar todos os documentos necessários.

Cidade, dia, mês e ano.

Assinatura

Nome

RG nº

Observações: Reconhecer firma do outorgante.

---

55. MOVIMENTAÇÃO DE CONTA BANCÁRIA E CADERNETA DE POUPANÇA

PROCURAÇÃO

OUTORGANTE

FULANO DE TAL, nacionalidade, estado civil, Cédula de Identidade/RG nº (...), CPF/MF nº (...), residente e domiciliado na Rua (...), nº (...), Cidade (...), Estado de (...), com telefone nº (...);

OUTORGADO

SICRANO DE TAL, nacionalidade, estado civil, Cédula de Identidade/RG nº (...), CPF/MF nº (...), residente e domiciliado na Rua (...), nº (...), Cidade (...), Estado de (...), com telefone nº (...).

A quem confere amplos, gerais e ilimitados poderes para o fim especial de junto ao BANCO (nome), agência (número), na cidade de (cidade), movimentar a conta corrente número (_); podendo depositar e retirar dinheiro mediante recibos, autorizar débitos, transferências e pagamentos por intermédio de cartas; sacar quaisquer importâncias desde que contenha saldos; emitir, endossar e assinar cheques; dar ordens e contra-ordens, solicitar informações de saldos, conferir extratos, requisitar talões de cheques; retirar cartão magnético, solicitar a senha e utilizá-lo quando necessário; sacar quaisquer importâncias resultantes de depósitos de qualquer origem, a que tem direito seja de Institutos, Caixas Beneficentes e outras fontes pagadoras; abrir e movimentar cadernetas de poupança, efetuando depósitos e retiradas mediante recibos ou outros documentos para esse fim; efetuar qualquer modalidade de aplicação financeira, assinando os respectivos contratos e documentos necessários, fazer contar juros e correção monetária, resgatar as referidas aplicações nas datas aprazadas, passar recibos e dar quitações, e transigir; praticando, enfim, todos os demais atos necessários ao fiel desempenho do presente mandato.

Cidade, dia, mês e ano.

Assinatura/Nome/RG nº

Observações: Reconhecer firma do outorgante.

56. MOVIMENTAÇÃO DE CONTA BANCÁRIA FINALIDADE RESTRITA

PROCURAÇÃO

OUTORGANTE

FULANO DE TAL, nacionalidade, estado civil, Cédula de Identidade/RG nº (...), CPF/MF nº (...), residente e domiciliado na Rua (...), nº (...), Cidade (...), Estado de (...), com telefone nº (...);

OUTORGADO

SICRANO DE TAL, nacionalidade, estado civil, Cédula de Identidade/RG nº (...), CPF/MF nº (...), residente e domiciliado na Rua (...), nº (...), Cidade (...), Estado de (...), com telefone nº (...).

Com plenos poderes para o fim especial de assinar propostas ou contratos de abertura de contas bancárias e movimentá-las; emitir e endossar cheques; fazer retiradas mediante recibos; autorizar débitos, transferências e pagamentos por meio de cartas; solicitar saldos, extratos de conta e requisitar talões de cheque para uso do outorgante, podendo atuar em conjunto ou separadamente, dando tudo por bom e valioso.

Cidade, dia, mês e ano.

Assinatura

Nome

RG nº

Observações: Reconhecer firma do outorgante.

57. MOVIMENTAR CONTA E LIQUIDAR CADERNETA DE POUPANÇA

PROCURAÇÃO

OUTORGANTE

FULANO DE TAL, nacionalidade, estado civil, Cédula de Identidade/RG nº (...), CPF/MF nº (...), residente e domiciliado na Rua (...), nº (...), Cidade (...), Estado de (...), com telefone nº (...), possuidor de Caderneta de Poupança no Banco (...), Agência (...), sob o nº (...).

OUTORGADO

SICRANO DE TAL, nacionalidade, estado civil, Cédula de Identidade/RG nº (...), CPF/MF nº (...), residente e domiciliado na Rua (...), nº (...), Cidade (...), Estado de (...), com telefone nº (...).

A quem confere amplos, gerais e ilimitados poderes para o fim especial para movimentar sua citada caderneta, emitir, assinar e endossar cheques, verificar saldos, receber juros e o saldo, liquidar a referida caderneta, dando recibos e quitações, e substabelecer, enfim, todos os demais atos necessários e indispensáveis ao fiel cumprimento do presente mandato, o que tudo dar por bom, firme e valioso.

Cidade, dia, mês e ano.

Assinatura

Nome

RG nº

Observações: Reconhecer firma do outorgante.

58. OUTORGAR EMANCIPAÇÃO AO FILHO

PROCURAÇÃO

OUTORGANTE

FULANO DE TAL, nacionalidade, estado civil, Cédula de Identidade/RG nº (...), CPF/MF nº (...), residente e domiciliado na Rua (...), nº (...), Cidade (...), Estado de (...), com telefone nº (...);

OUTORGADO

SICRANO DE TAL, nacionalidade, estado civil, Cédula de Identidade/RG nº (...), CPF/MF nº (...), residente e domiciliado na Rua (...), nº (...), Cidade (...), Estado de (...), com telefone nº (...).

Para junto a qualquer Tabelião de Notas, o fim especial de representar na Escritura Pública de Emancipação a ser outorgada a favor de seu filho (...), podendo, para esse fim, concordar com todas as cláusulas e condições de estilo, tornar expresso no teor da referida Escritura a concordância do outorgante, reconhecendo nele capacidade suficiente para reger sua pessoa e administrar seus bens, aceitar, outorgar e assinar a escritura; tudo os termos da legislação vigente praticando, enfim, todos os demais atos necessários ao fiel cumprimento do presente mandato.

Cidade, dia, mês e ano.

Assinatura

Nome

RG nº

Observações:

(1) *Reconhecer firma do outorgante.*

(2) *Para a lavratura de Escritura de Emancipação, pode ser exigida procuração pública.*

59. PARA DOAÇÃO

PROCURAÇÃO

OUTORGANTE

FULANO DE TAL, nacionalidade, estado civil, Cédula de Identidade/RG nº (...), CPF/MF nº (...), residente e domiciliado na Rua (...), nº (...), Cidade (...), Estado de (...), com telefone nº (...).

OUTORGADO

SICRANO DE TAL, nacionalidade, estado civil, Cédula de Identidade/RG nº (...), CPF/MF nº (...), residente e domiciliado na Rua (...), nº (...), Cidade (...), Estado de (...), com telefone nº (...).

A quem confere amplos, gerais e ilimitados poderes para o fim especial de doar a *(nome, qualificação e parentesco)* o imóvel/bem móvel *(individuar e localizar)*, doação essa sem obrigações *(Vide NOTA)*, podendo o outorgado assinar as necessárias escrituras, transmitir direito, ação, domínio e posse sobre o imóvel doado; pagar impostos; fazer a doação boa, firme e valiosa para os herdeiros e sucessores do doador praticar todos os atos necessários e indispensáveis ao cumprimento do mandato, podendo substabelecer o que tudo dar por bom, firme e valioso.

Cidade, dia, mês e ano.

Assinatura

Nome

RG nº

Notas:

(1) A doação poderá ser com encargos; com cláusulas de inalienabilidade, impenhorabilidade e incomunicabilidade; de reserva, de usufruto, etc., sendo conveniente que na procuração já se estabeleça a respeito.

(2) Deve-se atentar para o fato de que a procuração deve ter a mesma forma (pública ou particular) do ato que se deseja elaborar.

(3) Reconhecer firma do outorgante.

60. PARA HIPOTECAR

PROCURAÇÃO

OUTORGANTE

FULANO DE TAL, nacionalidade, estado civil, Cédula de Identidade/RG nº (...), CPF/MF nº (...), residente e domiciliado na Rua (...), nº (...), Cidade (...), Estado de (...), com telefone nº (...).

OUTORGADO

SICRANO DE TAL, nacionalidade, estado civil, Cédula de Identidade/RG nº (...), CPF/MF nº (...), residente e domiciliado na Rua (...), nº (...), Cidade (...), Estado de (...), com telefone nº (...).

A quem confere amplos, gerais e ilimitados poderes para o fim especial de dar em hipoteca o imóvel (individuação e situação) de propriedade do outorgante, podendo confessar divida (ou a transação que deu origem à hipoteca), receber e dar quitação (se a hipoteca for para garantia de empréstimo), descrever o imóvel, sua origem e confrontações, assinar a necessária escritura e praticar todos os atos necessários ao cumprimento deste mandato.

Notas;

(1) Se o outorgante for casado, a procuração terá de ser outorgada por ambos os cônjuges salvo se o outro cônjuge comparecer pessoalmente ou por procurador, para assinar o instrumento da hipoteca.

(2) Deve-se atentar para o fato de que a procuração deve ter a mesma forma (pública ou particular) do ato que se deseja elaborar.

Cidade, dia, mês e ano.

Assinatura

Nome

RG nº

Observações: Reconhecer firma do outorgante.

61. PARA JUSTIFICAÇÃO

PROCURAÇÃO

OUTORGANTE

FULANO DE TAL, nacionalidade, estado civil, Cédula de Identidade/RG nº (...), CPF/MF nº (...), residente e domiciliado na Rua (...), nº (...), Cidade (...), Estado de (...), com telefone nº (...).

OUTORGADO

SICRANO DE TAL, nacionalidade, estado civil, Cédula de Identidade/RG nº (...), CPF/MF nº (...), residente e domiciliado na Rua (...), nº (...), Cidade (...), Estado de (...), com telefone nº (...).

A quem confere amplos, gerais e ilimitados poderes para o fim especial de promover perante (a justiça ou autoridade administrativa ou na previdência social) uma justificação com a finalidade de (esclarecer qual o objetivo), podendo arrolar e inquirir testemunhas, receber o respectivo processo e encaminhá-lo, praticando todos os atos necessários, pelo que lhe confere, também, os poderes *ad judicia*, podendo substabelecer enfim, todos os demais atos necessários e indispensáveis ao fiel cumprimento do presente mandato, o que tudo dar por bom, firme e valioso.

Cidade, dia, mês e ano.

Assinatura

Nome

RG nº

Observações: Reconhecer firma do outorgante.

62. PARA LOTEAMENTO

PROCURAÇÃO

OUTORGANTE

FULANO DE TAL, nacionalidade, estado civil, Cédula de Identidade/RG nº (...), CPF/MF nº (...), residente e domiciliado na Rua (...), nº (...), Cidade (...), Estado de (...), com telefone nº (...).

OUTORGADO

SICRANO DE TAL, nacionalidade, estado civil, Cédula de Identidade/RG nº (...), CPF/MF nº (...), residente e domiciliado na Rua (...), nº (...), Cidade (...), Estado de (...), com telefone nº (...).

A quem confere amplos, gerais e ilimitados poderes para o fim especial de promover a legalização de um loteamento, de acordo com o Decreto-Lei nº 68, de 1957, e demais medidas que regulam a matéria nos âmbitos federal, estadual e municipal, tudo relativamente ao imóvel (individualizar e caracterizar) situado em (Distrito, Município e Estado), podendo requerer todas as medidas necessárias não somente em qualquer repartição Pública como autarquia, inclusive e especialmente nos Registros de Imóveis; requerer, recorrer, juntar e retirar documentos, assinar plantas, descrições, memoriais e tudo o que for necessário, contratar corretores e estipular suas comissões; assinar contratos de promessas de venda ou escrituras públicas; receber sinais e princípios de pagamento, concordar com transferências de contrato; passar recibos e quitações, constituir procurador *ad judicia*; desistir e transigir, substabelecer, enfim, todos os demais atos necessários e indispensáveis ao fiel cumprimento do presente mandato, o que tudo dar por bom, firme e valioso.

Cidade, dia, mês e ano.

Assinatura /Nome / RG nº

Notas:

(1) A procuração será mencionada na escritura e "ficará arquivada no cartório onde a transação for feita".

(2) Deve-se atentar para o fato de que a procuração deve ter a mesma forma (pública ou particular) do ato que se deseja elaborar.

(3) Reconhecer firma do outorgante.

63. PARTICIPAR DE LICITAÇÕES PÚBLICAS

PROCURAÇÃO

OUTORGANTE

EMPRESA TAL, estabelecida na Rua (...), devidamente inscrita no CNPJ sob o nº (...), e Inscrição Estadual nº (...), empresa com Ato Constitutivo devidamente registrada na Jucesp sob o nº (...) neste ato representado pelo administrador determinado no Contrato Social nº, o Sr. **FULANO DE TAL**, nacionalidade, estado civil, Cédula de Identidade/RG nº (...), CPF/MF nº (...), residente e domiciliado na Rua (...), nº (...), Cidade (...), Estado de (...), com telefone nº (...).

OUTORGADO

SICRANO DE TAL, nacionalidade, estado civil, Cédula de Identidade/RG nº (...), CPF/MF nº (...), residente e domiciliado na Rua (...), nº (...), Cidade (...), Estado de (...), com telefone nº (...).

A quem confere amplos, gerais e ilimitados poderes para o fim especial de promover a participação do outorgante em licitações públicas, concordar com todos os seus termos, assistir a abertura de propostas; fazer impugnações, reclamações, protestos e recursos; fazer novas propostas, rebaixos e descontos; prestar cauções, levantá-las, receber as importâncias caucionadas ou depositadas; transigir, desistir e praticar todos os atos necessários ao cumprimento deste mandato; constituir procurador *ad judicia*, e substabelecer, enfim, todos os demais atos necessários e indispensáveis ao fiel cumprimento do presente mandato, o que tudo dar por bom, firme e valioso.

Cidade, dia, mês e ano.

Assinatura / Nome / RG nº

Observações:

(1) Para evitar problemas ao procurador no exercício de seu mandato devem ficar expressos os dados e seguir a orientação do órgão licitante nos demais poderes que devem ser conferidos pelo outorgante ao outorgado.

(2) Reconhecer firma do outorgante.

64. PASSAR ESCRITURA

PROCURAÇÃO

OUTORGANTE

FULANO DE TAL, nacionalidade, estado civil, Cédula de Identidade/RG nº (...), CPF/MF nº (...), residente e domiciliado na Rua (...), nº (...), Cidade (...), Estado de (...), com telefone nº (...);

OUTORGADO

SICRANO DE TAL, nacionalidade, estado civil, Cédula de Identidade/RG nº (...), CPF/MF nº (...), residente e domiciliado na Rua (...), nº (...), Cidade (...), Estado de (...), com telefone nº (...).

Com plenos e amplos poderes para assinar escritura definitiva de compra do imóvel (descrever imóvel com todos os seus dados e características), em (cidade e Estado), podendo, para tanto, aceitar e assinar as competentes escrituras, inclusive as de aditamento e de rerratificações; cumprir exigências, apresentar provas, dar e receber quitações, posse, domínio, direito, ação e servidão; fazer e aceitar as declarações de praxe; juntar e retirar documentos; promover registros e averbações; pagar impostos e taxas; requerer e retirar as respectivas certidões negativas de débitos; alegar razões; representá-lo(a) perante repartições públicas federais, estaduais e municipais, Cartórios de Notas e de Registro de Imóveis, tabelionatos, Prefeitura Municipal.

Cidade, dia, mês e ano.

Assinatura

Nome

RG nº

Observações: Reconhecer firma do outorgante.

65. PESSOA FÍSICA – RECEITA FEDERAL

PROCURAÇÃO

OUTORGANTE

FULANO DE TAL, nacionalidade, estado civil, Cédula de Identidade/RG nº (...), CPF/MF nº (...), residente e domiciliado na Rua (...), nº (...), Cidade (...), Estado de (...), com telefone nº (...).

OUTORGADO

SICRANO DE TAL, nacionalidade, estado civil, Cédula de Identidade/RG nº (...), CPF/MF nº (...), residente e domiciliado na Rua (...), nº (...), Cidade (...), Estado de (...), com telefone nº (...).

A quem confere amplos, gerais e ilimitados poderes para o fim especial de representar o outorgante perante (todos os órgãos da administração pública Federal, Estadual, Distrital e Municipal, inclusive perante) às Unidades da Receita Federal do Brasil para requerer/solicitar *(exemplo de poderes genéricos: tudo o que for necessário para solucionar qualquer pendência ou situação minha ante a RFB)* ou *(exemplos de poderes específicos: pesquisas sobre situação fiscal e cadastral, solicitar emissão de DARF, impugnação, certidão negativa de débitos, dar vistas ao processo administrativo nº (...), quitar débitos, inclusive parcelar, etc.)*, responsabilizando-se por todos os atos praticados no cumprimento deste instrumento, cessando os efeitos deste a partir da(o) *(extinção do seu objetivo) (dia/mês/ano)*.

Cidade, dia, mês e ano.

Assinatura

Nome

RG nº

Observações: Reconhecer firma do outorgante.

66. PESSOA JURÍDICA – RECEITA FEDERAL

PROCURAÇÃO

OUTORGANTE

EMPRESA TAL, nome fantasia, regularmente inscrita no Ministério da Fazenda sob o CNPJ nº, situada na (endereço completo), fone, neste ato representada pelo seu sócio administrado com poderes para assinar procuração conforme estabelecido no contrato social (em anexo), Sr. **FULANO DE TAL**, nacionalidade, estado civil, Cédula de Identidade/RG nº (...), CPF/MF nº (...), residente e domiciliado na Rua (...), nº (...), Cidade (...), Estado de (...), com telefone nº (...).

OUTORGADO

SICRANO DE TAL, nacionalidade, estado civil, Cédula de Identidade/RG nº (...), CPF/MF nº (...), residente e domiciliado na Rua (...), nº (...), Cidade (...), Estado de (...), com telefone nº (...).

A quem confere amplos, gerais e ilimitados poderes para o fim especial de representá-la junto a todos os órgãos da administração pública Federal, Estadual, Distrital e Municipal, inclusive perante à Receita Federal do Brasil, com poderes para requerer/solicitar *(exemplo de poderes genéricos: tudo o que for necessário para solucionar qualquer pendência ou situação ante a RFB)* ou *(exemplos: pesquisas sobre situação fiscal e cadastral, solicitar emissão de DARF, impugnação, certidão negativa de débitos, dar vistas ao processo administrativo nº, quitar débitos, inclusive parcelar etc,)*, responsabilizando-se por todos os atos praticados no cumprimento deste instrumento, cessando os efeitos deste a partir da(o) *(extinção do seu objetivo) (dia/mês/ano).*

Cidade, dia, mês e ano.

Assinatura

Nome

RG nº

Observações: Reconhecer firma do outorgante.

67. PRESTAR FIANÇA ESTUDANTIL

PROCURAÇÃO

OUTORGANTE

FULANO DE TAL, nacionalidade, estado civil, Cédula de Identidade/RG nº (...), CPF/MF nº (...), residente e domiciliado na Rua (...), nº (...), Cidade (...), Estado de (...), com telefone nº (...);

OUTORGADO

SICRANO DE TAL, nacionalidade, estado civil, Cédula de Identidade/RG nº (...), CPF/MF nº (...), residente e domiciliado na Rua (...), nº (...), Cidade (...), Estado de (...), com telefone nº (...).

A quem confere amplos poderes para o fim específico de prestar fiança no contrato de financiamento estudantil firmado junto a CAIXA ECONÔMICA FEDERAL (CEF), por (...) portador da cédula de identidade RG (...) e CPF (...), podendo para tanto, aceitar e assinar o competente contrato, concordar com todas as cláusulas e condições de estilo; assumir todas as obrigações relativas a fiança, requerer, alegar e assinar o que for necessário; dar entrada e desentranhar documentos; prestar declarações; assinar termos de compromissos e de responsabilidade; concordar com valores e formas de pagamento; praticando, enfim, todos os demais atos indispensáveis ao bom e completo desempenho do presente mandato.

Cidade, dia, mês e ano.

Assinatura

Nome

RG nº

Observações: Reconhecer firma do outorgante.

68. PROCURAÇÃO GENÉRICA COM AMPLOS PODERES

PROCURAÇÃO

OUTORGANTE

FULANO DE TAL, nacionalidade, estado civil, Cédula de Identidade/RG nº (...), CPF/MF nº (...), residente e domiciliado na Rua (...), nº (...), Cidade (...), Estado de (...), com telefone nº (...);

OUTORGADO

SICRANO DE TAL, nacionalidade, estado civil, Cédula de Identidade/RG nº (...), CPF/MF nº (...), residente e domiciliado na Rua (...), nº (...), Cidade (...), Estado de (...), com telefone nº (...).

Com plenos e amplos poderes para comprar, prometer comprar, vender, prometer vender, ceder, prometer ceder, alugar bens imóveis de propriedade dele(a), outorgante, podendo, para tanto, assinar as escrituras que se fizerem necessárias, com as cláusulas e condições que ajustar; ajustar preços, prazos e formas de pagamento, receber, passar recibos, dar quitações; transmitir a posse, domínio, direito e ação, bem como administrá-los, com as cláusulas e condições que ajustar, ajustar valores e prazos de validade e vigência, rescindi-los, prorrogá-los, aceitar ou impugnar inquilinos e seus fiadores, receber os alugueis e passar recibos e quitações, contratar empresas administradoras de imóveis e ainda representá-lo(a) perante as assembleias de condomínio, sejam estas ordinárias ou extraordinárias, podendo debater a matéria da ordem do dia, votar e ser votado(a), eleger síndico, subsíndico e conselho, aceitar ou impugnar contas ou aumentos, assinar livros de presença e ata, promover obras necessárias nos imóveis sob sua administração, representá-lo(a) perante repartições públicas federais, estaduais, municipais, autárquicas, cartórios de notas e de registro de títulos e documentos, sociedades de economia mista, Receita Federal, Delegacia do Imposto de Renda para fazer declarações e receber restituições;

ministérios em geral, instituições, fundações, inclusive o IPEA, Sindicatos, ANATEL, Instituto Nacional de Seguridade Social – INSS, DETRAN, CONTRAN, DNER, companhias de seguro, Inspetorias de Trânsito, Delegacias de Roubos e Furtos, Secretaria de Segurança Pública, nos bancos e estabelecimentos de crédito em geral, inclusive Banco do Brasil S/A, Caixa Econômica Federal, Banco Central do Brasil, Banco Real S/A, Bradesco, instituições financeiras, inclusive as integrantes do Sistema Financeiro da Habitação, e onde com esta se apresentar e for necessário, mesmo que aqui não expressamente mencionadas, podendo para tanto: requerer, alegar e assinar o que for preciso; juntar e retirar documentos; apresentar e assinar quaisquer guias; requerer certidões, alvarás diversos e demais autorizações; acompanhar e dar andamento a processos, pedir vistas, cumprir exigências; tomar ciência de despachos; pagar e/ou receber importâncias, seja a que título for, inclusive VENCIMENTOS, PROVENTOS, PENSÕES, PECÚLIOS, BENEFÍCIOS, FGTS, PASEP, SEGUROS, movimentar contas bancárias em geral, inclusive realizar transações na área de câmbio e quaisquer outras, podendo emitir e endossar cheques, requerer, verificar saldos, fazer depósitos, solicitar extratos de contas e talões de cheques, receber cartão magnético, reconhecer e/ou contestar saldos, constituir advogados com os poderes das cláusulas *ad judicia, ad negocia* e os mais necessários perante qualquer Instância, Foro ou Tribunal, em Juízo ou fora dele, podendo firmar termos de compromisso, dar quitações, acordar, discordar, transigir, recorrer, desistir, propor e variar ações e recursos, receber citações, prestar declarações, informações, apresentar provas, assinar termos, requerimentos e demais papeis, podendo atuar em conjunto ou separadamente, dando tudo por bom e valioso, em especial para (...).

Cidade, dia, mês e ano.

Assinatura

Nome

RG nº

Observações: Reconhecer firma do outorgante.

69. PROMOVER DESPEJO

PROCURAÇÃO

OUTORGANTE

FULANO DE TAL, nacionalidade, estado civil, Cédula de Identidade/RG nº (...), CPF/MF nº (...), residente e domiciliado na Rua (...), nº (...), Cidade (...), Estado de (...), com telefone nº (...);

OUTORGADO

SICRANO DE TAL, nacionalidade, estado civil, Cédula de Identidade/RG nº (...), CPF/MF nº (...), residente e domiciliado na Rua (...), nº (...), Cidade (...), Estado de (...), com telefone nº (...).

Com plenos e amplos poderes para o OUTORGADO para providenciar o despejo de seu inquilino (...), (Nacionalidade), (Estado Civil), (Profissão), Carteira de Identidade nº (...), CPF nº (...), do imóvel situado na Rua (...), nº (...), bairro (...), CEP (...), Cidade (...), no Estado (...), conferindo ao mesmo as prerrogativas da cláusula *ad judicia*, podendo transigir, desistir, substabelecer, receber ou fornecer quitação.

Cidade, dia, mês e ano.

Assinatura

Nome

RG nº

Observações: Reconhecer firma do outorgante.

70. QUEIXA-CRIME

PROCURAÇÃO AD JUDICIA

OUTORGANTE

FULANO DE TAL, nacionalidade, estado civil, Cédula de Identidade/RG nº (...), CPF/MF nº (...), residente e domiciliado na Rua (...), nº (...), Cidade (...), Estado de (...), com telefone nº (...).

OUTORGADO

SICRANO DE TAL, nacionalidade, estado civil, Cédula de Identidade/RG nº (...), CPF/MF nº (...), residente e domiciliado na Rua (...), nº (...), Cidade (...), Estado de (...), com telefone nº (...).

Com plenos poderes *AD JUDICIA,* conforme dispõe os artigos 36 a 40 do Código de Processo Civil e os artigos 653 a 692 do Código Civil, outorgando-lhe amplos poderes, inerentes ao bom e fiel cumprimento deste mandato, bem como para o foro em geral, conforme estabelecido no artigo 38 do Código de Processo Civil, e os especiais para vender, ceder direitos, transigir, fazer acordo, firmar compromisso, substabelecer, renunciar, desistir, reconhecer a procedência do pedido, receber intimações, receber e dar quitação, praticar todos atos perante repartições públicas Federais, Estaduais e Municipais, e órgãos da administração pública direta e indireta, recorrer a quaisquer instâncias e tribunais, podendo atuar em conjunto ou separadamente, dando tudo por bom e valioso, bem como Declarar Pobreza e Requerer, Solicitar os benefícios da Assistência Judiciária Gratuita,conforme a Lei nº 1060/1950, artigos 4º e 6º, por ser a autora pessoa pobre na acepção do termo, sem poder suportar as custas de despesas processuais em prejuízo de sustento próprio e de sua família, em especial para DEFENDER SEUS INTERESSES JUNTO A JUSTIÇA ESTADUAL/FEDERAL PENAL, inclusive com poderes para APRESENTAR CONTRA C *(nome, qualificação)* QUEIXA-CRIME sobre os fato: *(narrar o fato)*, instruir ação penal, podendo o mandatário praticar todos os atos reclamados e necessários à persecução penal, como arrolar testemunhas, requerer documentos, diligências, e tudo quanto for necessário para o fiel cumprimento deste mandato, inclusive substabelecer a quem convier com igual ou reserva de poderes, em especial no processo penal em trâmite pela (...)ª Vara Criminal da cidade de (...), processo nº (...)/(...).

Cidade, dia, mês e ano.

Assinatura

Nome

RG nº

Observações: Reconhecer firma do outorgante.

71. RECEBER BENEFÍCIO DO INSS

PROCURAÇÃO

OUTORGANTE

FULANO DE TAL, nacionalidade, estado civil, Cédula de Identidade/RG nº (...), CPF/MF nº (...), residente e domiciliado na Rua (...), nº (...), Cidade (...), Estado de (...), com telefone nº (...);

OUTORGADO

SICRANO DE TAL, nacionalidade, estado civil, Cédula de Identidade/RG nº (...), CPF/MF nº (...), residente e domiciliado na Rua (...), nº (...), Cidade (...), Estado de (...), com telefone nº (...).

Com plenos e amplos poderes para procurador o OUTORGADO para receber em seu nome os benefícios de aposentadoria a que o primeiro tem direito, concedidos pela instituição (...), podendo o OUTORGADO receber as importâncias mensalmente e, para tanto, assinar quaisquer documentos, dar recibos e quitações. O OUTORGADO responsabiliza-se por realizar os atos importantes para que este mandato se cumpra com eficiência, sendo-lhe permitido, inclusive, substabelecer.

Cidade, dia, mês e ano.

Assinatura

Nome

RG nº

Observações: Reconhecer firma do outorgante.

72. RECEBER BENEFÍCIO DO INSS
Modelo Padrão Elaborado pelo Ministério

CÓDIGO DA UNIDADE: ______________________________

E/NB: ______________________________________

RUBRICA E CARIMBO DO CHEFE DA UNIDADE

PROCURAÇÃO

OUTORGANTE/PENSIONISTA

FULANO DE TAL, nacionalidade, estado civil, Cédula de Identidade/RG nº (...), CPF/MF nº (...), residente e domiciliado na Rua (...), nº (...), Cidade (...), Estado de (...), com telefone nº (...);

OUTORGADO

SICRANO DE TAL, nacionalidade, estado civil, Cédula de Identidade/RG nº (...), CPF/MF nº (...), residente e domiciliado na Rua (...), nº (...), Cidade (...), Estado de (...), com telefone nº (...).

A quem confere amplos, gerais e ilimitados poderes para o fim especial de A quem confere poderes especiais para representá-lo perante o INSS, bem como usar de todos os meios legais para o fiel cumprimento do presente mandato, por encontrar-se:

(_) AUSENTE;

(_) INCAPACITADO DE LOCOMOVER-SE;

Indicar o prazo da ausência (___mês/____ano) e em caso de viagem ao exterior indicar o país de destino com fins específicos de:

(_) Receber mensalidades de benefícios, receber quantias atrasadas e firmar os respectivos recibos.

(_) Requerer benefícios, revisão e interpor recursos.

Cidade, dia, mês e ano.

Assinatura do Pensionista/Segurado

Nome/RG nº

TERMO DE RESPONSABILIDADE

Pelo presente Termo de Responsabilidade, comprometo-me a comunicar ao INSS qualquer evento que possa anular a presente procuração, no prazo de trinta dias, a contar da data que o mesmo ocorra, principalmente o óbito do segurado/pensionista, mediante apresentação da respectiva certidão. Estou ciente que o descumprimento do compromisso ora assumido, além de obrigar a devolução de importâncias recebidas indevidamente, quando for o caso, sujeitar-me-á às penalidade previstas nos artigos 171 e 299, ambos do Código Penal.

Local e Data

____

Assinatura do Procurador

ObservaçÕES:

(1) *Essa procuração deve ser assinada ou levada pelo Pensionista/Segurado ao INSS para que possa receber o Código necessário e a Assinatura de Autorização do Chefe da Unidade.*

(2) *Reconhecer firma do outorgante.*

73. RECEBER CRÉDITO EM REPARTIÇÃO PÚBLICA

PROCURAÇÃO

OUTORGANTE

FULANO DE TAL, nacionalidade, estado civil, Cédula de Identidade/RG nº (...), CPF/MF nº (...), residente e domiciliado na Rua (...), nº (...), Cidade (...), Estado de (...), com telefone nº (...);

OUTORGADO

SICRANO DE TAL, nacionalidade, estado civil, Cédula de Identidade/RG nº (...), CPF/MF nº (...), residente e domiciliado na Rua (...), nº (...), Cidade (...), Estado de (...), com telefone nº (...).

Com plenos e amplos poderes para procurador o OUTORGADO para representá-lo no recebimento de valores em crédito do OUTORGANTE em instituições públicas. Tais créditos são decorrentes de fornecimento das mercadorias (...) (Descrever as mercadorias entregues) efetuado no(s) dia(s) (...) dos mês(es) do ano corrente, podendo o OUTORGADO, empenhado na função de executar este mandato da melhor forma possível, acompanhar as datas de pagamento, requerendo-o em caso de atraso, movimentar documentos e papeis, receber e endossar títulos de crédito e receber a importância devida, dando quitação.

Cidade, dia, mês e ano.

Assinatura

Nome

RG nº

Observações: Reconhecer firma do outorgante.

74. RECEBER DIVIDENDOS DE AÇÕES

PROCURAÇÃO

OUTORGANTE

FULANO DE TAL, nacionalidade, estado civil, Cédula de Identidade/RG nº (...), CPF/MF nº (...), residente e domiciliado na Rua (...), nº (...), Cidade (...), Estado de (...), com telefone nº (...);

OUTORGADO

SICRANO DE TAL, nacionalidade, estado civil, Cédula de Identidade/RG nº (...), CPF/MF nº (...), residente e domiciliado na Rua (...), nº (...), Cidade (...), Estado de (...), com telefone nº (...).

Com plenos e amplos poderes para procurador o OUTORGANTE nomeia e constitui como seu procurador o OUTORGADO para receber os dividendos vencidos e que vencerem num prazo de (...) meses de todas as ações em que o OUTORGANTE for possuidor ou averbadas em nome do mesmo, podendo o OUTORGADO para tanto assinar quaisquer documentos necessários à consecução do fim deste mandato, sendo-lhe permitido passar recibos e, inclusive, substabelecer.

Cidade, dia, mês e ano.

Assinatura

Nome

RG nº

Observações: Reconhecer firma do outorgante.

75. RECEBER E LIQUIDAR SEGURO

PROCURAÇÃO

OUTORGANTE

FULANO DE TAL, nacionalidade, estado civil, Cédula de Identidade/RG nº (...), CPF/MF nº (...), residente e domiciliado na Rua (...), nº (...), Cidade (...), Estado de (...), com telefone nº (...);

OUTORGADO

SICRANO DE TAL, nacionalidade, estado civil, Cédula de Identidade/RG nº (...), CPF/MF nº (...), residente e domiciliado na Rua (...), nº (...), Cidade (...), Estado de (...), com telefone nº (...).

A quem confere amplos, gerais e ilimitados poderes para o fim especial de promover junto à Companhia (nome da companhia de seguros) e também junto ao Instituto de resseguros do Brasil a liquidação e o recebimento do que couber relativamente ao seguro coberto pela Apólice nº (...) (de vida, acidente, incêndio, etc.), da qual o outorgante é beneficiário, juntando documentos, fazendo provas, requerendo o que necessário for junto a quaisquer órgãos federais, estaduais e municipais, assim como no Instituto Nacional de Previdência Social; receber e dar quitação; constituir procurador *ad judicia*, desistir, transigir e praticar todos os atos necessários ao cumprimento deste mandato, podendo substabelecer enfim, todos os demais atos necessários e indispensáveis ao fiel cumprimento do presente mandato, o que tudo dar por bom, firme e valioso.

Cidade, dia, mês e ano.

Assinatura

Nome

RG nº

Observações: Reconhecer firma do outorgante.

76. RECEBER FGTS

PROCURAÇÃO

OUTORGANTE

FULANO DE TAL, nacionalidade, estado civil, Cédula de Identidade/RG nº (...), CPF/MF nº (...), residente e domiciliado na Rua (...), nº (...), Cidade (...), Estado de (...), com telefone nº (...);

OUTORGADO

SICRANO DE TAL, nacionalidade, estado civil, Cédula de Identidade/RG nº (...), CPF/MF nº (...), residente e domiciliado na Rua (...), nº (...), Cidade (...), Estado de (...), com telefone nº (...).

Com plenos e amplos poderes para procurador o OUTORGADO para providenciar o saque do FGTS (Fundo de Garantia por Tempo de Serviço) a que o primeiro tem direito, na instituição bancária competente, podendo, para tanto, o OUTORGADO assinar documentos e praticar todos os atos necessários ao fiel cumprimento deste mandato.

Cidade, dia, mês e ano.

Assinatura

Nome

RG nº

Observações: Reconhecer firma do outorgante.

77. RECEBER INDENIZAÇÃO OU SEGURO

PROCURAÇÃO

OUTORGANTE

FULANO DE TAL, nacionalidade, estado civil, Cédula de Identidade/RG nº (...), CPF/MF nº (...), residente e domiciliado na Rua (...), nº (...), Cidade (...), Estado de (...), com telefone nº (...);

OUTORGADO

SICRANO DE TAL, nacionalidade, estado civil, Cédula de Identidade/RG nº (...), CPF/MF nº (...), residente e domiciliado na Rua (...), nº (...), Cidade (...), Estado de (...), com telefone nº (...).

A quem confere amplos, gerais e ilimitados poderes para o fim especial de representar junto a Companhia de Seguros (...), receber a indenização a que tem direito relativo ao sinistro do veículo de marca (...), ano de fabricação (...), cor predominante (...), placas (...), chassi (...), RENAVAN (...); podendo para esse fim, juntar e retirar papeis e documentos, apresentar provas, laudos e os documentos do veículo; fazer declarações e justificações, assinar termos de responsabilidade; receber, passar recibo e dar quitação, endossar cheque caso o recebimento seja feito por esse meio; praticando, enfim, todos os demais atos necessários ao fiel desempenho do presente mandato.

Cidade, dia, mês e ano.

Assinatura

Nome

RG nº

Observações: Reconhecer firma do outorgante.

78. RECEBER RESTITUIÇÃO DE IMPOSTO

PROCURAÇÃO

OUTORGANTE

FULANO DE TAL, nacionalidade, estado civil, Cédula de Identidade/RG nº (...), CPF/MF nº (...), residente e domiciliado na Rua (...), nº (...), Cidade (...), Estado de (...), com telefone nº (...);

OUTORGADO

SICRANO DE TAL, nacionalidade, estado civil, Cédula de Identidade/RG nº (...), CPF/MF nº (...), residente e domiciliado na Rua (...), nº (...), Cidade (...), Estado de (...), com telefone nº (...).

A quem confere amplos, gerais e ilimitados poderes para representar o OUTORGANTE perante o BANCO (...), na cidade de (...), com a finalidade de levantar a restituição do imposto de renda retido na fonte, ano base de (...), exercício (...), podendo, para tanto, juntar e retirar papeis e documentos, fazer declaração, justificação, esclarecimentos e apresentar a notificação; receber a importância, passar o competente recibo e dar a respectiva quitação, e praticar os demais atos necessários e indispensáveis ao fiel cumprimento do presente mandato, o que tudo dar por bom, firme e valioso.

Cidade, dia, mês e ano.

Assinatura

Nome

RG nº

Observações: Reconhecer firma do outorgante.

79. RECEBER SALÁRIO EM EMPRESA

PROCURAÇÃO

OUTORGANTE

FULANO DE TAL, nacionalidade, estado civil, Cédula de Identidade/RG nº (...), CPF/MF nº (...), residente e domiciliado na Rua (...), nº (...), Cidade (...), Estado de (...), com telefone nº (...);

OUTORGADO

SICRANO DE TAL, nacionalidade, estado civil, Cédula de Identidade / RG nº (...), CPF/MF nº (...), residente e domiciliado na Rua (...), nº (...), Cidade (...), Estado de (...), com telefone nº (...).

A quem confere amplos, gerais e ilimitados poderes para o fim especial de receber na empresa (nome da empresa) seu salário, podendo requerer, recorrer, juntar e retirar documentos, assinar livros, termos e recibos, contracheques e cheques, dar quitação, endossar os cheques recebidos, quando o pagamento for por esse meio, apresenta-los ao correspondente banco para desconta-lo e recebe-lo firmando os necessários recibos, o que tudo dará por bom, firme e valioso.

Cidade, dia, mês e ano.

Assinatura

Nome

RG nº

Observações: Reconhecer firma do outorgante.

70. RECEBER SEGURO DESEMPREGO

PROCURAÇÃO

OUTORGANTE

FULANO DE TAL, nacionalidade, estado civil, Cédula de Identidade/RG nº (...), CPF/MF nº (...), residente e domiciliado na Rua (...), nº (...), Cidade (...), Estado de (...), com telefone nº (...);

OUTORGADO

SICRANO DE TAL, nacionalidade, estado civil, Cédula de Identidade/RG nº (...), CPF/MF nº (...), residente e domiciliado na Rua (...), nº (...), Cidade (...), Estado de (...), com telefone nº (...).

A quem confere amplos, gerais e ilimitados poderes para o fim especial de junto a CAIXA ECONÔMICA FEDERAL, agência número (...), na cidade de (...), receber mensalmente as parcelas referente ao SEGURO DESEMPREGO a que tem direito, podendo para tanto, juntar e retirar papeis e documentos exigidos, fazer e assinar declarações, justificações, termos de compromisso e de responsabilidade; receber as importâncias devidas, passar os competentes recibos e dar as respectivas quitações no Documento de Pagamento; praticando, enfim, todos os demais atos necessários ao fiel cumprimento do presente mandato.

Cidade, dia, mês e ano.

Assinatura

Nome

RG nº

Observações: Reconhecer firma do outorgante.

81. RECEBER SEGURO DPVAT

PROCURAÇÃO

OUTORGANTE

FULANO DE TAL, nacionalidade, estado civil, Cédula de Identidade/RG nº (...), CPF/MF nº (...), residente e domiciliado na Rua (...), nº (...), Cidade (...), Estado de (...), com telefone nº (...);

OUTORGADO

SICRANO DE TAL, nacionalidade, estado civil, Cédula de Identidade/RG nº (...), CPF/MF nº (...), residente e domiciliado na Rua (...), nº (...), Cidade (...), Estado de (...), com telefone nº (...).

A quem confere os mais amplos e ilimitados poderes especialmente para receber e acompanhar junto a Companhia de Seguros (...), o seguro DPVAT (morte, invalidez permanente, DAMS – Despesas com Assistência Médica e Despesas Suplementares), referente ao acidente ocorrido com a vítima (...), em data de (...), a que o mesmo tem direito, podendo para tanto, dito procurador, dar entrada no processo de Sinistro para recebimento de indenização ou reembolso das despesas, conferindo-lhe ainda poderes especiais, para receber e endossar cheques das quantias recebidas, dando a referida quitação, sacar em quaisquer agências bancárias, enfim, praticar todos os atos necessários para o bom e fiel cumprimento do presente mandato.

Cidade, dia, mês e ano.

Assinatura

Nome

RG nº

Observações: Reconhecer firma do outorgante.

82. RECONHECER ASSOCIAÇÃO SINDICAL

PROCURAÇÃO

OUTORGANTE

FULANO DE TAL, nacionalidade, estado civil, Cédula de Identidade/RG nº (...), CPF/MF nº (...), residente e domiciliado na Rua (...), nº (...), Cidade (...), Estado de (...), com telefone nº (...), na qualidade de presidente em exercício da (...) (associação profissional, sindicato, federação ou confederação em organização, reconhecido ;

OUTORGADO

SICRANO DE TAL, nacionalidade, estado civil, Cédula de Identidade/RG nº (...), CPF/MF nº (...), residente e domiciliado na Rua (...), nº (...), Cidade (...), Estado de (...), com telefone nº (...).

A quem confere amplos, gerais e ilimitados poderes para o fim especial de promover às Repartições do ministério do Trabalho e Previdência Social o processo de reconhecimento de entidade que representa, podendo juntar e retirar documentos, requerer, recorrer e fazer provas e justificações, impugnar e contestar impugnações, arrazoar e defender perante a comissão de Enquadramento Sindical, receber a carta de reconhecimento e dar o competente recibo; praticar todos os atos necessários para o integral cumprimento deste mandato; constituir advogado com poderes *ad judicia* e substabelecer enfim, todos os demais atos necessários e indispensáveis ao fiel cumprimento do presente mandato, o que tudo dar por bom, firme e valioso.

Cidade, dia, mês e ano.

Assinatura

Nome

RG nº

Observações: Reconhecer firma do outorgante.

83. RECONHECIMENTO DE FILHO

PROCURAÇÃO

OUTORGANTE

FULANO DE TAL, nacionalidade, estado civil, Cédula de Identidade/RG nº (...), CPF/MF nº (...), residente e domiciliado na Rua (...), nº (...), Cidade (...), Estado de (...), com telefone nº (...);

OUTORGADO

SICRANO DE TAL, nacionalidade, estado civil, Cédula de Identidade/RG nº (...), CPF/MF nº (...), residente e domiciliado na Rua (...), nº (...), Cidade (...), Estado de (...), com telefone nº (...).

A quem confere amplos, gerais e ilimitados poderes para o fim especial em nome do outorgante afirmar sua paternidade de (nome e dados sobre o registro civil do filho), com poderes expressos para assinar a escritura de reconhecimento do mesmo como seu filho, havido de sua união com (...) (nome da mãe), promovendo todos os atos complementares para a averbação da escritura no respectivo cartório de registro civil das pessoas naturais e praticando todos os atos necessários e indispensáveis ao fiel cumprimento do presente mandato, o que tudo dar por bom, firme e valioso.

Cidade, dia, mês e ano.

Assinatura

Nome

RG nº

Observações: Reconhecer firma do outorgante.

84. REGISTRO DE MARCAS E PATENTES

PROCURAÇÃO

OUTORGANTE

FULANO DE TAL, nacionalidade, estado civil, Cédula de Identidade/RG nº (...), CPF/MF nº (...), residente e domiciliado na Rua (...), nº (...), Cidade (...), Estado de (...), com telefone nº (...).

OUTORGADO

SICRANO DE TAL, nacionalidade, estado civil, Cédula de Identidade/RG nº (...), CPF/MF nº (...), residente e domiciliado na Rua (...), nº (...), Cidade (...), Estado de (...), com telefone nº (...).

A quem confere amplos, gerais e ilimitados poderes para o fim especial de representa-lo em quaisquer repartições ou órgão federais, estaduais ou municipais, de maneira especial perante o Instituto Nacional de Propriedade industrial para Requerer o registro de marcas, patentes de invenção, de melhoramentos, de modelos e desenhos industriais, de garantia de prioridade, de nomes comerciais e títulos de estabelecimentos, podendo juntar e retirar documentos, promover perícias e assinar ou rubricar todos os documentos necessários e, ainda, a cessão ou transferência de marcas e patentes para o nome do outorgante, e substabelecer enfim, todos os demais atos necessários e indispensáveis ao fiel cumprimento do presente mandato, o que tudo dar por bom, firme e valioso.

Cidade, dia, mês e ano.

Assinatura

Nome

RG nº

Observações: Reconhecer firma do outorgante.

85. REPRESENTAR PERTANTE O IPESP OU IPERJ

PROCURAÇÃO

OUTORGANTE

FULANO DE TAL, nacionalidade, estado civil, Cédula de Identidade/RG nº (...), CPF/MF nº (...), residente e domiciliado na Rua (...), nº (...), Cidade (...), Estado de (...), com telefone nº (...);

OUTORGADO

SICRANO DE TAL, nacionalidade, estado civil, Cédula de Identidade/RG nº (...), CPF/MF nº (...), residente e domiciliado na Rua (...), nº (...), Cidade (...), Estado de (...), com telefone nº (...).

Amplos e plenos poderes para representá-lo(a) junto ao Instituto de Previdência do Estado de(o) (Rio de Janeiro-IPERJ ou São Paulo-IPESP), em quaisquer de suas agências ou dependências em todo o território nacional, podendo, para tanto, interpor recursos à instâncias superiores; requerer, alegar, promover e assinar o que preciso for, solicitar informações, satisfazer exigências, juntar e desembaraçar documentos; assinar requerimentos, guias, recibos e demais papeis necessários; levantar e receber quaisquer importâncias que lhe sejam devidas referentes à pensões, aposentadorias, benefícios e gratificações, vencidas e a vencer, podendo concordar ou discordar com valores; representá-lo(a) junto a quaisquer bancos e estabelecimentos de crédito em geral, inclusive a Caixa Econômica Federal para abrir e movimentar contas bancárias para esta finalidade, endossar e descontar os cheques recebidos; efetuar recadastramento, retirar senha e cartão magnético.

Cidade, dia, mês e ano.

Assinatura

Nome

RG nº

Observações: Reconhecer firma do outorgante.

86. REPRESENTAR NO INSS

PROCURAÇÃO

OUTORGANTE

FULANO DE TAL, nacionalidade, estado civil, Cédula de Identidade/RG nº (...), CPF/MF nº (...), residente e domiciliado na Rua (...), nº (...), Cidade (...), Estado de (...), com telefone nº (...);

OUTORGADO

SICRANO DE TAL, nacionalidade, estado civil, Cédula de Identidade/RG nº (...), CPF/MF nº (...), residente e domiciliado na Rua (...), nº (...), Cidade (...), Estado de (...), com telefone nº (...).

Com plenos poderes para o fim específico de representá-lo(a) perante qualquer órgão do Instituto Nacional de Seguridade Social (INSS), para requerer benefício; juntar e retirar documentos; fazer declarações e justificações; receber pensões ou auxílio, vencidos e vincendos; assinar livros e termos; dar recibos e quitações; endossar os cheques recebidos para qualquer Banco ou para a Caixa Econômica Federal, descontá-los; praticar todos os atos necessários, inclusive requerer, recorrer, constituir procurador com os poderes da cláusula *ad judicia* e substabelecer.

Cidade, dia, mês e ano.

Assinatura

Nome

RG nº

Observações: Reconhecer firma do outorgante.

87. REPRESENTAR FUNCIONÁRIO PÚBLICO PERANTE A PREVIDÊNCIA

PROCURAÇÃO

OUTORGANTE

FULANO DE TAL, nacionalidade, estado civil, Cédula de Identidade/RG nº (...), CPF/MF nº (...), residente e domiciliado na Rua (...), nº (...), Cidade (...), Estado de (...), com telefone nº (...);

OUTORGADO

SICRANO DE TAL, nacionalidade, estado civil, Cédula de Identidade/RG nº (...), CPF/MF nº (...), residente e domiciliado na Rua (...), nº (...), Cidade (...), Estado de (...), com telefone nº (...).

Amplos e plenos poderes para representá-lo(a) junto ao Instituto de Previdência do Estado de(o) (Rio de Janeiro-IPERJ ou São Paulo-IPESP), em quaisquer de suas agências ou dependências em todo o território nacional, podendo, para tanto, interpor recursos à instâncias superiores; requerer, alegar, promover e assinar o que preciso for, solicitar informações, satisfazer exigências, juntar e desembaraçar documentos; assinar requerimentos, guias, recibos e demais papeis necessários; levantar e receber quaisquer importâncias que lhe sejam devidas referentes à pensões, aposentadorias, benefícios e gratificações, vencidas e a vencer, podendo concordar ou discordar com valores; representá-lo(a) junto a quaisquer bancos e estabelecimentos de crédito em geral, inclusive a Caixa Econômica Federal para abrir e movimentar contas bancárias para esta finalidade, endossar e descontar os cheques recebidos; efetuar recadastramento, retirar senha e cartão magnético.

Cidade, dia, mês e ano.

Assinatura

Nome

RG nº

Observações: Reconhecer firma do outorgante.

88. REPRESENTAR SÓCIO EMPRESARIAL

PROCURAÇÃO

OUTORGANTE

FULANO DE TAL, nacionalidade, estado civil, Cédula de Identidade/RG nº (...), CPF/MF nº (...), residente e domiciliado na Rua (...), nº (...), Cidade (...), Estado de (...), com telefone nº (...);

OUTORGADO

SICRANO DE TAL, nacionalidade, estado civil, Cédula de Identidade/RG nº (...), CPF/MF nº (...), residente e domiciliado na Rua (...), nº (...), Cidade (...), Estado de (...), com telefone nº (...).

Com plenos e amplos poderes, gerais e ilimitados para o fim específico de, gerir e administrar a empresa outorgante, podendo para tanto, tratar de todos os assuntos que lhe são concernentes, judicial ou extrajudicialmente, realizar negócios dentro do ramo em que a mesma se dedica, vender e comprar mercadorias, representá-la perante as repartições públicas em geral, ministérios e seus departamentos e onde mais preciso for e com esta se apresentar, a bem e na defesa de seus direitos e interesses, juntar, desentranhar, retirar, apresentar e assinar papeis, documentos, guias e requerimentos, certidões, certificados, alvarás de licença, formulários, realizar entrevistas, esclarecer dúvidas, apresentar provas e recursos, pagar impostos, taxas e emolumentos, admitir, demitir e dispensar empregados, fixando-lhes penalidades e remunerações, assinar carteiras de trabalho e seus atos consequentes, abrir, movimentar e encerrar contas correntes em quaisquer bancos e caixas econômicas, inclusive Banco do Estado de São Paulo S.A. e Banco do Brasil S.A., requisitar talonários de cheques, emitir, endossar e assinar cheques, ordens de pagamentos e guias de retiradas, solicitar saldos e extratos, autorizar débitos, créditos, transferências, aplicações, assinar todos os papeis e documentos necessários e de praxe bancária, emitir, endossar, descontar, aceitar, assinar e protestar duplicatas, notas promissórias, letras de câmbio e quaisquer outros títulos de crédito, dar instruções, autorizar abatimentos, prorrogações, assinar contratos e borderôs, entregar franco de pagamento ou para simples cobrança, podendo ainda, contratar e constituir advogados com poderes da cláusula *ad judicia* para o foro em geral, perante qualquer Juízo, Instância ou Tribunal, inclusive na esfera trabalhista e mais os especiais de transigir, desistir, firmar compromissos, acordos e composições, propor contra quem de direito as ações que entender conveniente, defendê-la nas contrárias, requerer medidas assecuratórias de seus direitos, preventivas e/ou preliminares, usar dos recursos legais, receber notificação, citação e intimação, cobrar e receber amigável ou judicialmente tudo quanto lhe for devido ou tiver direito a qualquer título ou pessoa, assinando recibos e dando quitação, constituir advogados, dar ciente em títulos e documentos, enfim, praticar todos os demais atos indispensáveis ao cabal e fiel cumprimento do presente mandato, podendo inclusive substabelecer. E, de como assim o disse, me pediu e eu lhe lavrei este instrumento que, depois de lido em voz alta e achado em tudo conforme, aceitou, outorgou e assina.

Cidade, dia, mês e ano.

Assinatura

Nome

RG nº

Observações: Reconhecer firma do outorgante.

89. RETIRADA DE BAGAGEM

PROCURAÇÃO

OUTORGANTE

FULANO DE TAL, nacionalidade, estado civil, Cédula de Identidade/RG nº (...), CPF/MF nº (...), residente e domiciliado na Rua (...), nº (...), Cidade (...), Estado de (...), com telefone nº (...).

OUTORGADO

SICRANO DE TAL, nacionalidade, estado civil, Cédula de Identidade/RG nº (...), CPF/MF nº (...), residente e domiciliado na Rua (...), nº (...), Cidade (...), Estado de (...), com telefone nº (...).

A quem confere amplos, gerais e ilimitados poderes para o fim especial de promover o desembaraço de sua bagagem remetida de (...) via (aérea ou marítima); contratar despachante; requerer; juntar e retirar documentos; fazer provas; endossar conhecimentos; pagar impostos e taxas; endossar conhecimentos e guias; representá-lo perante quaisquer autoridades fiscais, alfandegárias e aduaneiras, assim como em companhias de navegação aérea ou marítima; receber bagagens destinadas ao outorgante; dar recibos; reclamar pagamento de seguros perante quaisquer companhias; praticar todos os atos necessários para o cumprimento do mandato; dar recibos e quitações e substabelecer enfim, todos os demais atos necessários e indispensáveis ao fiel cumprimento do presente mandato, o que tudo dar por bom, firme e valioso.

Cidade, dia, mês e ano.

Assinatura

Nome

RG nº

Observações: Reconhecer firma do outorgante.

90. RETIRAR CORRESPONDÊNCIA E VALORES NOS CORREIOS

PROCURAÇÃO

OUTORGANTE

FULANO DE TAL, nacionalidade, estado civil, Cédula de Identidade/RG nº (...), CPF/MF nº (...), residente e domiciliado na Rua (...), nº (...), Cidade (...), Estado de (...), com telefone nº (...).

OUTORGADO

SICRANO DE TAL, nacionalidade, estado civil, Cédula de Identidade/RG nº (...), CPF/MF nº (...), residente e domiciliado na Rua (...), nº (...), Cidade (...), Estado de (...), com telefone nº (...).

A quem confere amplos, gerais e ilimitados poderes para o fim especial de representa-lo em qualquer órgão ou agência ou sucursal da Empresa Brasileira de Correios e Telégrafos, inclusive nos serviços de "Colis-Postaux", podendo retirar correspondência, valores, encomendas, abrir e retirar o que existir em sua Caixa Postal nº (...), dar recibos e quitações e substabelecer enfim, todos os demais atos necessários e indispensáveis ao fiel cumprimento do presente mandato, o que tudo dar por bom, firme e valioso.

Nota: É conveniente registrar, também, o documento de identidade do outorgado, para sua conferência na ECT.

Cidade, dia, mês e ano.

Assinatura

Nome

RG nº

Observações: Reconhecer firma do outorgante.

91. TRATAR DE DIREITOS AUTORAIS

PROCURAÇÃO

OUTORGANTE

FULANO DE TAL, nacionalidade, estado civil, Cédula de Identidade/RG nº (...), CPF/MF nº (...), residente e domiciliado na Rua (...), nº (...), Cidade (...), Estado de (...), com telefone nº (...);

OUTORGADO

SICRANO DE TAL, nacionalidade, estado civil, Cédula de Identidade/RG nº (...), CPF/MF nº (...), residente e domiciliado na Rua (...), nº (...), Cidade (...), Estado de (...), com telefone nº (...).

Com plenos e amplos poderes para procurador o OUTORGADO para representá-lo na atividade de registrar e depositar, a produção (...) (Descrever o objeto do cadastro para fins de direito autoral), do OUTORGANTE, na instituição (...), competente para o cadastro deste direito autoral. O registro terá o escopo de preservar a propriedade do OUTORGANTE sobre a produção, além de reservar os seus direitos autorais. Deverá o OUTORGADO assinar e fazer o que preciso for perante as autoridades competentes para a execução da atividade por este instrumento outorgada, podendo o mesmo fazer provas, juntar documentos ao processo de registro, acompanhando-o, e, se necessário for, apresentar recursos e substabelecer.

Cidade, dia, mês e ano.

Assinatura

Nome

RG nº

Observações: Reconhecer firma do outorgante.

92. TRATAR QUESTÃO COM UNIVERSIDADE

PROCURAÇÃO

OUTORGANTE

FULANO DE TAL, nacionalidade, estado civil, Cédula de Identidade/RG nº (...), CPF/MF nº (...), residente e domiciliado na Rua (...), nº (...), Cidade (...), Estado de (...), com telefone nº (...);

OUTORGADO

SICRANO DE TAL, nacionalidade, estado civil, Cédula de Identidade/RG nº (...), CPF/MF nº (...), residente e domiciliado na Rua (...), nº (...), Cidade (...), Estado de (...), com telefone nº (...).

Com plenos e amplos poderes, a quem confere os mais amplos, gerais e ilimitados poderes para o fim específico de representá-la perante a UNIVERSIDADE (...) com o objetivo único de (...), podendo para tanto, apresentar e retirar documentos, prestar declarações de estilo, solicitar informações, apresentar e retirar documentos, fazer opções, enfim, praticar todos os demais atos indispensáveis ao cabal e fiel cumprimento do presente mandato, a bem e na defesa dos direitos e interesses da mandante.

Cidade, dia, mês e ano.

Assinatura

Nome

RG nº

Observações:

(1) A procuração particular deve estar com a firma da mandante reconhecida em cartório.

(2) Deve ser assinada apenas pela pessoa que está concedendo os poderes.

93. VENDA DE AÇÕES

PROCURAÇÃO

OUTORGANTE

FULANO DE TAL, nacionalidade, estado civil, Cédula de Identidade/RG nº (...), CPF/MF nº (...), residente e domiciliado na Rua (...), nº (...), Cidade (...), Estado de (...), com telefone nº (...);

OUTORGADO

SICRANO DE TAL, nacionalidade, estado civil, Cédula de Identidade/RG nº (...), CPF/MF nº (...), residente e domiciliado na Rua (...), nº (...), Cidade (...), Estado de (...), com telefone nº (...).

Com plenos poderes para proceder junto ao (nome e agência do banco), a venda integral das ações dele, acionista nº (...), conforme certificados relacionados: Telecomunicações Brasileiras S.A. [classe OR, tipo ACN integrais livres, saldo de ações (...); classe PR, tipo ACN integrais livres, saldo de ações (...)]; Tele Leste Celular Participações [classe OR, tipo ACN integrais livres, saldo de ações (...); classe PR, tipo ACN integrais livres, saldo de ações (...)]; Brasil Telecom Participações S.A. [classe OR, tipo ACN integrais livres, saldo de ações (...); classe PR, tipo ACN integrais livres, saldo de ações (...)]; Telecomunicações de São Paulo S.A. [classe OR, tipo ACN integrais livres, saldo de ações (...); classe PR, tipo ACN integrais livres, saldo de ações (...)]; Telesp Celular Participações S.A. [classe OR, tipo ACN integrais livres, saldo de ações (...); classe PR, tipo ACN integrais livres, saldo de ações (...)]; Tele Centro Oeste Celular Participações [classe OR, tipo ACN integrais livres, saldo de ações (...); classe PR tipo ACN integrais livres, saldo de ações (...)]; Tele Celular Sul Participações S.A. [classe OR, tipo ACN integrais livres, saldo de ações (...); classe PR, tipo ACN integrais livres, saldo de ações (...)]; Tele Sudeste Celular Participações S.A. [classe OR, tipo ACN integrais livres, saldo de ações (...); classe PR, tipo ACN integrais livres, saldo de ações (...)]; Tele Norte Celular Participações

S.A. [classe OR, tipo ACN integrais livres, saldo de ações (...); classe PR, tipo ACN integrais livres, saldo de ações(...)]; Telemig Celular Participações S.A. [classe OR, tipo ACN integrais livres, saldo de ações(...); classe PR, tipo ACN integrais livres, saldo de ações (...)]; Tele Nordeste Celular Participações, S.A. [classe OR, tipo ACN integrais livres, saldo de ações (...); classe PR, tipo ACN integrais livres, saldo de ações (...)]; Telefônica Data Brasil Holding S.A. [classe OR, tipo ACN integrais livres, saldo de ações (...); classe PR, tipo ACN integrais livres, saldo de ações (...)]; podendo assinar o que for necessário;

PODERES PARA A CLÁUSULA *AD JUDICIA* para o Foro em geral, em qualquer Instância, Juízo ou Tribunal, podendo interpor quaisquer ações, requerer medidas de segurança ou preventivas, sempre na defesa dos interesses do(a) outorgante, defendendo-o(a) ainda nas ações ou medidas que contra o(a) mesmo(a) tenham sido ou venham a ser requeridas, acompanhando uma e outras até o final, inclusive em execução da sentença, podendo, ainda, firmar recibos e demais documentos, representar o(a) outorgante junto às repartições públicas em geral, inclusive junto às serventias notariais, podendo requerer, promover, declarar e assinar o que for preciso.

Cidade, dia, mês e ano.

Assinatura

Nome

RG nº

Observações: Reconhecer firma do outorgante.

94. VENDA DE CELULAR

PROCURAÇÃO

OUTORGANTE

FULANO DE TAL, nacionalidade, estado civil, Cédula de Identidade/RG nº (...), CPF/MF nº (...), residente e domiciliado na Rua (...), nº (...), Cidade (...), Estado de (...), com telefone nº (...);

OUTORGADO

SICRANO DE TAL, nacionalidade, estado civil, Cédula de Identidade/RG nº (...), CPF/MF nº (...), residente e domiciliado na Rua (...), nº (...), Cidade (...), Estado de (...), com telefone nº (...).

Com plenos e amplos, gerais e ilimitados poderes para o fim de representá-lo(a,s) (colocar o nome da telefônica correspondente), no que se referir para habilitar e transferir uma LINHA TELEFÔNICA CELULAR sob nº, para tratar e cuidar de todos os assuntos e interesses do outorgante, podendo para tanto o(a,s) referido(a,s) procurador(a,s) fazer habilitação do celular, assinar transferências e quaisquer documentos que fizerem necessários, inclusive TERMO DE TRANSFERÊNCIA DEFINITIVA DE ASSINATURA, guias, requerimentos, todos os tipos de contratos de participações, prestar e obter informações e declarações, apresentar e retirar documentos, solicitar mudança de endereço de envio de contas telefônicas, pleitear transferências, requerer o desligamento ou a religação dos mesmos, troca da serial, fazer transferência de área de registro, solicitar débitos, pagar, receber, passar recibos, dar quitação, acompanhar o andamento de Processos, atender exigências, solicitar informações, praticar, enfim praticar todos os demais atos que mister se torne ao fiel cumprimento do presente mandato, inclusive substabelecer.

Cidade, dia, mês e ano.

Assinatura

Nome

RG nº

Observações: Reconhecer firma do outorgante.

95. VENDA DE IMÓVEL – AMPLOS PODERES

PROCURAÇÃO

OUTORGANTE

FULANO DE TAL, nacionalidade, estado civil, Cédula de Identidade/RG nº (...), CPF/MF nº (...), residente e domiciliado na Rua (...), nº (...), Cidade (...), Estado de (...), com telefone nº (...);

OUTORGADO

SICRANO DE TAL, nacionalidade, estado civil, Cédula de Identidade/RG nº (...), CPF/MF nº (...), residente e domiciliado na Rua (...), nº (...), Cidade (...), Estado de (...), com telefone nº (...).

Com plenos e amplos poderes para comprar, prometer comprar, vender, prometer vender, ceder, prometer ceder o imóvel (descrever o imóvel com todos os seus dados e características) podendo, para tanto, ajustar condições e cláusulas, inclusive as cláusulas *ad judicia* e *ad negotia*, pelo preço e condições que entender; efetuar a transação, dar e receber sinal, parcelas ou valor total; dar e receber domínio, direito, ação; transmitir e investir-se na posse; aceitar e assinar as respectivas escrituras públicas, cessões ou contratos particulares, inclusive de rerratificação; promover o registro no Cartório de Registro de Imóveis; dar e receber quitação do que for pago; passar recibos; emitir e assinar notas promissórias correspondentes às prestações que ficarem estabelecidas; assinar guias para pagamento de impostos e pagá-los; responder pela evicção de direito na forma da lei; representá-lo(a) em repartições públicas federais, estaduais e municipais, cartórios de notas e de registro de títulos e documentos e onde mais for necessário, podendo, para tanto: requerer, alegar e assinar o que for preciso, juntar e retirar documentos, apresentar e assinar quaisquer guias, requerer certidões, alvarás diversos e demais autorizações, acompanhar e dar andamento a processos, pedir vistas, cumprir exigências, tomar ciência de despachos, constituir advogados com os poderes das cláusulas *ad judicia*, *ad negocia* e os mais necessários perante qualquer Instância, Foro ou Tribunal, em Juízo ou fora dele, podendo firmar termos de compromisso, acordar, discordar, transigir, recorrer, desistir, propor e variar ações e recursos, receber citações, prestar declarações, informações, apresentar provas, assinar termos, requerimentos e demais papeis, podendo atuar em conjunto ou separadamente, dando tudo por bom e valioso, em especial para (...).

Cidade, dia, mês e ano.

Assinatura

Nome

RG nº

(1) *Muitos Oficiais de Cartório poderão pedir procuração pública para elaborar a escritura.*

(2) *A procuração pode determinar a pessoa a quem será vendido o imóvel, assim como mencionar o preço total ou o preço mínimo para a venda. Pode, também, ser,para todos os imóveis do outorgante.*

(3) *A procuração será mencionada na escritura de venda " ficará arquivada no cartório onde a transação for feita.*

(4) *Deve-se atentar para o fato de que a procuração deve ter a mesma forma (pública ou particular) do ato que se deseja elaborar.*

(5) *Reconhecer firma do outorgante.*

96. VENDA DE IMÓVEL – PESSOAS CASADAS

PROCURAÇÃO

OUTORGANTE

FULANO DE TAL, nacionalidade, estado civil, Cédula de Identidade/RG nº (...), CPF/MF nº (...), residente e domiciliado na Rua (...), nº (...), Cidade (...), Estado de (...), com telefone nº (...), casado com (*informar os dados do cônjuge e o regime de casamento).*

OUTORGADO

SICRANO DE TAL, nacionalidade, estado civil, Cédula de Identidade/RG nº (...), CPF/MF nº (...), residente e domiciliado na Rua (...), nº (...), Cidade (...), Estado de (...), com telefone nº (...).

A quem confere amplos, gerais e ilimitados poderes para o fim especial de vender, prometer vender o imóvel. (situá-lo em suas características principais) podendo estabelecer cláusulas, condições e preços, receber sinal, princípio de pagamento, parcelas ou o total, assinar as necessárias escrituras e guias, pagar impostos, transmitir direito, ação, domínio e posse, responder pela evicção e se obrigando a dar a venda por boa, firme e valiosa também por seus herdeiros e sucessores.

Cidade, dia, mês e ano.

Assinatura / Nome RG nº

Notas:

(1) Muitos Oficiais de Cartório poderão pedir procuração pública para elaborar a escritura.

(2) A procuração pode determinar a pessoa a quem será vendido o imóvel, assim como mencionar o preço total ou o preço mínimo para a venda. Pode, também, ser,para todos os imóveis do outorgante.

(3) A procuração será mencionada na escritura de venda ficará arquivada no cartório onde a transação for feita.

(4) Deve-se atentar para o fato de que a procuração deve ter a mesma forma (pública ou particular) do ato que se deseja elaborar.

(5) Reconhecer firma do outorgante.

97. VENDA DE VEÍCULO – COM PODERES *AD JUDICIA*

PROCURAÇÃO

OUTORGANTE

FULANO DE TAL, nacionalidade, estado civil, Cédula de Identidade/RG nº (...), CPF/MF nº (...), residente e domiciliado na Rua (...), nº (...), Cidade (...), Estado de (...), com telefone nº (...);

OUTORGADO

SICRANO DE TAL, nacionalidade, estado civil, Cédula de Identidade/RG nº (...), CPF/MF nº (...), residente e domiciliado na Rua (...), nº (...), Cidade (...), Estado de (...), com telefone nº (...).

Com plenos poderes para vender, pelo preço e condições que ajustar, o veículo de sua propriedade, com as seguintes características: tipo, ano, de cor, placa de (Estado), chassis; representando-o(a) junto ao DETRAN, CONTRAN, DNIT, companhias de seguro, Inspetorias de Trânsito, Delegacias de Roubos e Furtos, bancos e estabelecimentos de crédito em geral, podendo para tanto requerer, alegar e assinar o que preciso for, juntar e retirar documentos, apresentar e assinar quaisquer guias, requerer certidões e demais autorizações, tudo requerendo e assinando, inclusive com poderes; *ad judicia*; conforme dispõe os artigos 36 a 40 do Código de Processo Civil e os artigos 653 a 692 do Código Civil, outorgando-lhe amplos poderes, inerentes ao bom e fiel cumprimento deste mandato, bem como para o foro em geral, conforme estabelecido no artigo 38 do Código de Processo Civil, e os especiais para transigir, fazer acordo, firmar compromisso, substabelecer, renunciar, desistir, reconhecer a procedência do pedido, receber intimações, receber e dar quitação, praticar todos atos perante repartições públicas Federais, Estaduais e Municipais, e órgãos da administração pública direta e indireta, recorrer a quaisquer instâncias e tribunais, podendo atuar em conjunto ou separadamente

Cidade, dia, mês e ano.

Assinatura/Nome/RG nº

Observações: Reconhecer firma do outorgante.

98. VENDA DE VEÍCULO

PROCURAÇÃO

OUTORGANTE

FULANO DE TAL, nacionalidade, estado civil, Cédula de Identidade/RG nº (...), CPF/MF nº (...), residente e domiciliado na Rua (...), nº (...), Cidade (...), Estado de (...), com telefone nº (...);

OUTORGADO

SICRANO DE TAL, nacionalidade, estado civil, Cédula de Identidade/RG nº (...), CPF/MF nº (...), residente e domiciliado na Rua (...), nº (...), Cidade (...), Estado de (...), com telefone nº (...).

A quem confere amplos e ilimitados poderes para o fim especial de vender a quem convier, pelo preço que convencionar, o veículo de marca (...), ano de fabricação (...), modelo (...), cor predominante (...), placas (...), chassi número (...), combustível (...), RENAVAN (...); podendo para esse fim, receber o preço e dar quitação; preencher e assinar o Certificado de Registro de Veículo; representar perante a Circunscrição Regional de Trânsito (CIRETRAN) e o Departamento Estadual de Trânsito (DETRAN) e demais órgãos precisos; juntar e retirar papeis e documentos; fazer declarações e justificações; assinar termos de compromisso e de responsabilidade; praticando, enfim, todos os demais atos necessários e indispensáveis para que a venda e transferência seja feita boa, firme e valiosa.

Cidade, dia, mês e ano.

Assinatura

Nome

RG nº

Observações: Reconhecer firma do outorgante.

99. VENDER ANIMAIS

PROCURAÇÃO

OUTORGANTE

FULANO DE TAL, nacionalidade, estado civil, Cédula de Identidade/RG nº (...), CPF/MF nº (...), residente e domiciliado na Rua (...), nº (...), Cidade (...), Estado de (...), com telefone nº (...);

OUTORGADO

SICRANO DE TAL, nacionalidade, estado civil, Cédula de Identidade/RG nº (...), CPF/MF nº (...), residente e domiciliado na Rua (...), nº (...), Cidade (...), Estado de (...), com telefone nº (...).

A quem confere amplos e ilimitados poderes para o fim especial de vender a quem convier, pelo preço que convencionar OU AQUI CONVENCIONADO, DE UM ANIMAL OU LOTE DE ANIMAIS, DA ESPÉCIE *vacum, moares, etc.*, identificar o animal pormenorizadamente, raça, cor, idade, se há Certificado de Origem, PA, PE, com todas as vacinações e vermifugações em dia, conforme Caderneta de Vacinação; podendo para esse fim, receber o preço e dar quitação; preencher e assinar o Certificado de Registro de Venda; representar perante Associação de Criadores e demais órgãos sanitários municipais, estaduais e federais; juntar e retirar papeis e documentos; fazer declarações e justificações; assinar termos de compromisso e de responsabilidade; praticando, enfim, todos os demais atos necessários e indispensáveis para que a venda e transferência seja feita boa, firme e valiosa.

Cidade, dia, mês e ano.

Assinatura

Nome

RG nº

Observações: Reconhecer firma do outorgante.

100. VENDER TÍTULO DE CLUBE

PROCURAÇÃO

OUTORGANTE

FULANO DE TAL, nacionalidade, estado civil, Cédula de Identidade/RG nº (...), CPF/MF nº (...), residente e domiciliado na Rua (...), nº (...), Cidade (...), Estado de (...), com telefone nº (...);

OUTORGADO

SICRANO DE TAL, nacionalidade, estado civil, Cédula de Identidade/RG nº (...), CPF/MF nº (...), residente e domiciliado na Rua (...), nº (...), Cidade (...), Estado de (...), com telefone nº (...).

A quem confere amplos, gerais e ilimitados poderes para o fim especial de ceder, vender ou transferir a quem convier, pelo preço, cláusulas e condições que livremente poderá convencionar, o título do Clube (...), situado (...); podendo, para esse fim, receber o preço e dar quitação; fazer e assinar termos de transferências, contratos ou outros documentos de estilo, representar o OUTORGANTE perante o Clube acima referido apresentando todos os papeis e documentos exigidos, praticando, enfim, todos os demais atos necessários e indispensáveis ao fiel cumprimento do presente mandato, o que tudo dar por bom, firme e valioso.

Cidade, dia, mês e ano.

Assinatura

Nome

RG nº

Observações: Reconhecer firma do outorgante.

Legislação

CÓDIGO CIVIL

Lei nº 10.406, de 10 de janeiro de 2002

(Excertos)

PARTE GERAL

....

LIVRO III – DOS FATOS JURÍDICOS

TÍTULO I – DO NEGÓCIO JURÍDICO

Capítulo I – Disposições Gerais

Art. 108. Não dispondo a lei em contrário, a escritura pública é essencial à validade dos negócios jurídicos que visem à constituição, transferência, modificação ou renúncia de direitos reais sobre imóveis de valor superior a trinta vezes o maior salário mínimo vigente no País.

Art. 109. No negócio jurídico celebrado com a cláusula de não valer sem instrumento público, este é da substância do ato.

....

Capítulo II – Da Representação

Art. 115. Os poderes de representação conferem-se por lei ou pelo interessado.

Art. 116. A manifestação de vontade pelo representante, nos limites de seus poderes, produz efeitos em relação ao representado.

Art. 117. Salvo se o permitir a lei ou o representado, é anulável o negócio jurídico que o representante, no seu interesse ou por conta de outrem, celebrar consigo mesmo.

Parágrafo único. Para esse efeito, tem-se como celebrado pelo representante o negócio realizado por aquele em quem os poderes houverem sido subestabelecidos.

Art. 118. O representante é obrigado a provar às pessoas, com quem tratar em nome do representado, a sua qualidade e a extensão de seus poderes, sob pena de, não o fazendo, responder pelos atos que a estes excederem.

Art. 119. É anulável o negócio concluído pelo representante em conflito de interesses com o representado, se tal fato era ou devia ser do conhecimento de quem com aquele tratou.

Parágrafo único. É de cento e oitenta dias, a contar da conclusão do negócio ou da cessação da incapacidade, o prazo de decadência para pleitear-se a anulação prevista neste artigo.

Art. 120. Os requisitos e os efeitos da representação legal são os estabelecidos nas normas respectivas; os da representação voluntária são os da Parte Especial deste Código.

....

PARTE ESPECIAL

LIVRO I – DO DIREITO DAS OBRIGAÇÕES

....

TÍTULO VI – DAS VÁRIAS ESPÉCIES DE CONTRATO

....

Capítulo X – Do Mandato

Seção I – Disposições Gerais

Art. 653. Opera-se o mandato quando alguém recebe de outrem poderes para, em seu nome, praticar atos ou administrar interesses. A procuração é o instrumento do mandato.

Art. 654. Todas as pessoas capazes são aptas para dar procuração mediante instrumento particular, que valerá desde que tenha a assinatura do outorgante.

§ 1º. O instrumento particular deve conter a indicação do lugar onde foi passado, a qualificação do outorgante e do outorgado, a data e o objetivo da outorga com a designação e a extensão dos poderes conferidos.

§ 2º. O terceiro com quem o mandatário tratar poderá exigir que a procuração traga a firma reconhecida.

Art. 655. Ainda quando se outorgue mandato por instrumento público, pode substabelecer-se mediante instrumento particular.

Art. 656. O mandato pode ser expresso ou tácito, verbal ou escrito.

Art. 657. A outorga do mandato está sujeita à forma exigida por lei para o ato a ser praticado. Não se admite mandato verbal quando o ato deva ser celebrado por escrito.

Art. 658. O mandato presume-se gratuito quando não houver sido estipulada retribuição, exceto se o seu objeto corresponder ao daqueles que o mandatário trata por ofício ou profissão lucrativa.

Parágrafo único. Se o mandato for oneroso, caberá ao mandatário a retribuição prevista em lei ou no contrato. Sendo estes omissos, será ela determinada pelos usos do lugar, ou, na falta destes, por arbitramento.

Art. 659. A aceitação do mandato pode ser tácita, e resulta do começo de execução.

Art. 660. O mandato pode ser especial a um ou mais negócios determinadamente, ou geral a todos os do mandante.

Art. 661. O mandato em termos gerais só confere poderes de administração.

§ 1º. Para alienar, hipotecar, transigir, ou praticar outros quaisquer atos que exorbitem da administração ordinária, depende a procuração de poderes especiais e expressos.

§ 2º. O poder de transigir não importa o de firmar compromisso.

Art. 662. Os atos praticados por quem não tenha mandato, ou o tenha sem poderes suficientes, são ineficazes em relação àquele em cujo nome foram praticados, salvo se este os ratificar.

Parágrafo único. A ratificação há de ser expressa, ou resultar de ato inequívoco, e retroagirá à data do ato.

Art. 663. Sempre que o mandatário estipular negócios expressamente em nome do mandante, será este o único responsável; ficará, porém, o mandatário pessoalmente obrigado, se agir no seu próprio nome, ainda que o negócio seja de conta do mandante.

Art. 664. O mandatário tem o direito de reter, do objeto da operação que lhe foi cometida, quanto baste para pagamento de tudo que lhe for devido em consequência do mandato.

Art. 665. O mandatário que exceder os poderes do mandato, ou proceder contra eles, será considerado mero gestor de negócios, enquanto o mandante lhe não ratificar os atos.

Art. 666. O maior de dezesseis e menor de dezoito anos não emancipado pode ser mandatário, mas o mandante não tem ação contra ele senão de conformidade com as regras gerais, aplicáveis às obrigações contraídas por menores.

Seção II – Das Obrigações do Mandatário

Art. 667. O mandatário é obrigado a aplicar toda sua diligência habitual na execução do mandato, e a indenizar qualquer prejuízo causado por culpa sua ou daquele a quem substabelecer, sem autorização, poderes que devia exercer pessoalmente.

§ 1º. Se, não obstante proibição do mandante, o mandatário se fizer substituir na execução do mandato, responderá ao seu constituinte pelos prejuízos ocorridos sob a gerência do substituto, embora provenientes de caso fortuito, salvo provando que o caso teria sobrevindo, ainda que não tivesse havido substabelecimento.

§ 2º. Havendo poderes de substabelecer, só serão imputáveis ao mandatário os danos causados pelo substabelecido, se tiver agido com culpa na escolha deste ou nas instruções dadas a ele.

§ 3º. Se a proibição de substabelecer constar da procuração, os atos praticados pelo substabelecido não obrigam o mandante, salvo ratificação expressa, que retroagirá à data do ato.

§ 4º. Sendo omissa a procuração quanto ao substabelecimento, o procurador será responsável se o substabelecido proceder culposamente.

Art. 668. O mandatário é obrigado a dar contas de sua gerência ao mandante, transferindo-lhe as vantagens provenientes do mandato, por qualquer título que seja.

Art. 669. O mandatário não pode compensar os prejuízos a que deu causa com os proveitos que, por outro lado, tenha granjeado ao seu constituinte.

Art. 670. Pelas somas que devia entregar ao mandante ou recebeu para despesa, mas empregou em proveito seu, pagará o mandatário juros, desde o momento em que abusou.

Art. 671. Se o mandatário, tendo fundos ou crédito do mandante, comprar, em nome próprio, algo que devera comprar para o mandante, por ter sido expressamente designado no mandato, terá este ação para obrigá-lo à entrega da coisa comprada.

Art. 672. Sendo dois ou mais os mandatários nomeados no mesmo instrumento, qualquer deles poderá exercer os poderes outorgados, se não forem expressamente declarados conjuntos, nem especificamente designados para atos diferentes, ou subordinados a atos sucessivos. Se os mandatários forem declarados conjuntos, não terá eficácia o ato praticado sem interferência de todos, salvo havendo ratificação, que retroagirá à data do ato.

Art. 673. O terceiro que, depois de conhecer os poderes do mandatário, com ele celebrar negócio jurídico exorbitante do mandato, não tem ação contra o mandatário, salvo se este lhe prometeu ratificação do mandante ou se responsabilizou pessoalmente.

Art. 674. Embora ciente da morte, interdição ou mudança de estado do mandante, deve o mandatário concluir o negócio já começado, se houver perigo na demora.

Seção III – Das Obrigações do Mandante

Art. 675. O mandante é obrigado a satisfazer todas as obrigações contraídas pelo mandatário, na conformidade do mandato conferido, e adiantar a importância das despesas necessárias à execução dele, quando o mandatário lho pedir.

Art. 676. É obrigado o mandante a pagar ao mandatário a remuneração ajustada e as despesas da execução do mandato, ainda que o negócio não surta o esperado efeito, salvo tendo o mandatário culpa.

Art. 677. As somas adiantadas pelo mandatário, para a execução do mandato, vencem juros desde a data do desembolso.

Art. 678. É igualmente obrigado o mandante a ressarcir ao mandatário as perdas que este sofrer com a execução do mandato, sempre que não resultem de culpa sua ou de excesso de poderes.

Art. 679. Ainda que o mandatário contrarie as instruções do mandante, se não exceder os limites do mandato, ficará o mandante obrigado para com aqueles com quem o seu procurador contratou; mas terá contra este ação pelas perdas e danos resultantes da inobservância das instruções.

Art. 680. Se o mandato for outorgado por duas ou mais pessoas, e para negócio comum, cada uma ficará solidariamente responsável ao mandatário por todos os compromissos e efeitos do mandato, salvo direito regressivo, pelas quantias que pagar, contra os outros mandantes.

Art. 681. O mandatário tem sobre a coisa de que tenha a posse em virtude do mandato, direito de retenção, até se reembolsar do que no desempenho do encargo despendeu.

Seção IV – Da Extinção do Mandato

Art. 682. Cessa o mandato:

I – pela revogação ou pela renúncia;

II – pela morte ou interdição de uma das partes;

III – pela mudança de estado que inabilite o mandante a conferir os poderes, ou o mandatário para os exercer;

IV – pelo término do prazo ou pela conclusão do negócio.

Art. 683. Quando o mandato contiver a cláusula de irrevogabilidade e o mandante o revogar, pagará perdas e danos.

Art. 684. Quando a cláusula de irrevogabilidade for condição de um negócio bilateral, ou tiver sido estipulada no exclusivo interesse do mandatário, a revogação do mandato será ineficaz.

Art. 685. Conferido o mandato com a cláusula "em causa própria", a sua revogação não terá eficácia, nem se extinguirá pela morte de qualquer das partes, ficando o mandatário dispensado de prestar contas, e podendo transferir para si os bens móveis ou imóveis objeto do mandato, obedecidas as formalidades legais.

Art. 686. A revogação do mandato, notificada somente ao mandatário, não se pode opor aos terceiros que, ignorando-a, de boa-fé com ele trataram; mas ficam salvas ao constituinte as ações que no caso lhe possam caber contra o procurador.

Parágrafo único. É irrevogável o mandato que contenha poderes de cumprimento ou confirmação de negócios encetados, aos quais se ache vinculado.

Art. 687. Tanto que for comunicada ao mandatário a nomeação de outro, para o mesmo negócio, considerar-se-á revogado o mandato anterior.

Art. 688. A renúncia do mandato será comunicada ao mandante, que, se for prejudicado pela sua inoportunidade, ou pela falta de tempo, a fim de prover à substituição do procurador, será indenizado pelo mandatário, salvo se este provar que não podia continuar no mandato sem prejuízo considerável, e que não lhe era dado substabelecer.

Art. 689. São válidos, a respeito dos contratantes de boa-fé, os atos com estes ajustados em nome do mandante pelo mandatário, enquanto este ignorar a morte daquele ou a extinção do mandato, por qualquer outra causa.

Art. 690. Se falecer o mandatário, pendente o negócio a ele cometido, os herdeiros, tendo ciência do mandato, avisarão o mandante, e providenciarão a bem dele, como as circunstâncias exigirem.

Art. 691. Os herdeiros, no caso do artigo antecedente, devem limitar-se às medidas conservatórias, ou continuar os negócios pendentes que se não possam demorar sem perigo, regulando-se os seus serviços dentro desse limite, pelas mesmas normas a que os do mandatário estão sujeitos.

Seção V – Do Mandato Judicial

Art. 692. O mandato judicial fica subordinado às normas que lhe dizem respeito, constantes da legislação processual, e, supletivamente, às estabelecidas neste Código.

....

CÓDIGO DE PROCESSO CIVIL

Lei n° 5.869, de 11 de janeiro de 1973

(Excertos)

....

Capítulo III – Dos Procuradores

Art. 36. A parte será representada em juízo por advogado legalmente habilitado. Ser-lhe-á lícito, no entanto, postular em causa própria, quando tiver habilitação legal ou, não a tendo, no caso de falta de advogado no lugar ou recusa ou impedimento dos que houver.

Art. 37. Sem instrumento de mandato, o advogado não será admitido a procurar em juízo. Poderá, todavia, em nome da parte, intentar ação, a fim de evitar decadência ou prescrição, bem como intervir, no processo, para praticar atos reputados urgentes. Nestes casos, o advogado se obrigará, independentemente de caução, a exibir o instrumento de mandato no prazo de 15 (quinze) dias, prorrogável até outros 15 (quinze), por despacho do juiz.

Parágrafo único. Os atos, não ratificados no prazo, serão havidos por inexistentes, respondendo o advogado por despesas e perdas e danos.

Art. 38. A procuração geral para o foro, conferida por instrumento público, ou particular assinado pela parte, habilita o advogado a praticar todos os atos do processo, salvo para receber citação inicial, confessar, reconhecer a procedência do pedido, transigir, desistir, renunciar ao direito sobre que se funda a ação, receber, dar quitação e firmar compromisso.

- *Art. 38, caput, com redação dada pela Lei nº 8.952, de 13.12.1994.*

Parágrafo único. A procuração pode ser assinada digitalmente com base em certificado emitido por Autoridade Certificadora credenciada, na forma da lei específica.

- *Parágrafo único acrescido pela Lei nº 11.419, de 19.12.2006.*

Art. 39. Compete ao advogado, ou à parte quando postular em causa própria:

I – declarar, na petição inicial ou na contestação, o endereço em que receberá intimação;

II – comunicar ao escrivão do processo qualquer mudança de endereço.

Parágrafo único. Se o advogado não cumprir o disposto no nº I deste artigo, o juiz, antes de determinar a citação do réu, mandará que se supra a omissão no prazo de 48 (quarenta e oito) horas, sob pena de indeferimento da petição; se infringir o previsto no nº II, reputar-se-ão válidas as intimações enviadas, em carta registrada, para o endereço constante dos autos.

Art. 40. O advogado tem direito de:

I – examinar, em cartório de justiça e secretaria de tribunal, autos de qualquer processo, salvo o disposto no artigo 155;

II – requerer, como procurador, vista dos autos de qualquer processo pelo prazo de 5 (cinco) dias;

III – retirar os autos do cartório ou secretaria, pelo prazo legal, sempre que lhe competir falar neles por determinação do juiz, nos casos previstos em lei.

§ 1º. Ao receber os autos, o advogado assinará carga no livro competente.

§ 2º. Sendo comum às partes o prazo, só em conjunto ou mediante prévio ajuste por petição nos autos, poderão os seus procuradores retirar os autos, ressalvada a obtenção de cópias para a qual cada procurador poderá retirá-los pelo prazo de 1 (uma) hora independentemente de ajuste.

- *§ 2º com redação dada pela Lei nº 11.969, de 6.7.2009.*

....

CÓDIGO DE PROCESSO PENAL

Decreto-Lei nº 3.689, de 3 de outubro de 1941

(Excertos)

....

Art. 44. A queixa poderá ser dada por procurador com poderes especiais, devendo constar do instrumento do mandato o nome do querelante e a menção do fato criminoso, salvo quando tais esclarecimentos dependerem de diligências que devem ser previamente requeridas no juízo criminal.

....

LEI DOS REGISTROS PÚBLICOS

Lei nº 6.015, de 31 de dezembro de 1973

(Excertos)

....

Art. 37. As partes, ou seus procuradores, bem como as testemunhas, assinarão os assentos, inserindo-se neles as declarações feitas de acordo com a lei ou ordenadas por sentença. As procurações serão arquivadas, declarando-se no termo a data, o livro, a folha e o ofício em que foram lavradas, quando constarem de instrumento público.

§ 1º. Se os declarantes, ou as testemunhas não puderem, por qualquer circunstâncias assinar, far-se-á declaração no assento, assinando a rogo outra pessoa e tomando-se a impressão dactiloscópica da que não assinar, à margem do assento.

§ 2º. As custas com o arquivamento das procurações ficarão a cargo dos interessados.

....

Art. 56. O interessado, no primeiro ano após ter atingido a maioridade civil, poderá, pessoalmente ou por procurador bastante, alterar o nome, desde que não prejudique os apelidos de família, averbando-se a alteração que será publicada pela imprensa.

- *Art. 56 renumerado do art. 57, pela Lei nº 6.216, de 30.6.1975.*

....

Art. 59. Quando se tratar de filho ilegítimo, não será declarado o nome do pai sem que este expressamente o autorize e compareça, por si ou por procurador especial, para, reconhecendo-o, assinar, ou não sabendo ou não podendo, mandar assinar a seu rogo o respectivo assento com duas testemunhas.

- *Art. 59 renumerado do art. 60, pela Lei nº 6.216, de 30.6.1975.*

....

Art. 110. Os erros que não exijam qualquer indagação para a constatação imediata de necessidade de sua correção poderão ser corrigidos de ofício pelo oficial de registro no próprio cartório onde se encontrar o assentamento, mediante petição assinada pelo interessado, representante legal ou procurador, independentemente de pagamento de selos e taxas, após manifestação conclusiva do Ministério Público.

§ 1º. Recebido o requerimento instruído com os documentos que comprovem o erro, o oficial submetê-lo-á ao órgão do Ministério Público que o despachará em 5 (cinco) dias.

§ 2º. Quando a prova depender de dados existentes no próprio cartório, poderá o oficial certificá-lo nos autos.

§ 3º. Entendendo o órgão do Ministério Público que o pedido exige maior indagação, requererá ao juiz a distribuição dos autos a um dos cartórios da circunscrição, caso em que se processará a retificação, com assistência de advogado, observado o rito sumaríssimo.

§ 4º. Deferido o pedido, o oficial averbará a retificação à margem do registro, mencionando o número do protocolo e a data da sentença e seu trânsito em julgado, quando for o caso.

- *Art. 110 com redação dada pela Lei nº 12.100, de 27.11.2009*
- *Art. 110 renumerado do art.111, pela Lei nº 6.216, de 30.6.1975.*

....

Art. 148. Os títulos, documentos e papeis escritos em língua estrangeira, uma vez adotados os caracteres comuns, poderão ser registrados no original, para o efeito da sua conservação ou perpetuidade. Para produzirem efeitos legais no País e para valerem contra terceiros, deverão, entretanto, ser vertidos em vernáculo e registrada a tradução, o que, também, se observará em relação às procurações lavradas em língua estrangeira.

• *Art. 148 renumerado do art.149, pela Lei nº 6.216, de 30.6.1975.*

Parágrafo único. Para o registro resumido, os títulos, documentos ou papeis em língua estrangeira, deverão ser sempre traduzidos.

....

Art. 158. As procurações deverão trazer reconhecidas as firmas dos outorgantes.

• *Art. 158 renumerado do art. 159, pela Lei nº 6.216, de 30.6.1975.*

....

NORMAS DE SERVIÇO CARTÓRIOS EXTRAJUDICIAIS

Provimento CGT nº 58, de 28 de novembro de 1989

Corregedoria Geral da Justiça – São Paulo

(Excertos)

....

Seção X – Das Escrituras de Separação, Divórcio e Inventário

Subseção III – Disposições Comuns a Separação e Divórcio Consensuais

135. O comparecimento pessoal das partes é dispensável à lavratura de escritura pública de separação e divórcio consensuais, sendo admissível ao(s) separando(s) ou ao(s) divorciando(s) se fazer representar por mandatário constituído, desde que por instrumento público com poderes especiais, descrição das cláusulas essenciais e prazo de validade de trinta dias.

135.1. Procuração lavrada no exterior poderá ter prazo de validade de até noventa dias.

....

12. O tabelião e escrevente devidamente autorizado, antes da lavratura de quaisquer atos deverão:

a) verificar se as partes e demais interessados acham-se munidos dos documentos necessários de identificação, nos respectivos originais, em especial cédula de identidade, vedada a apresentação destes documentos replastificados;

b) exigir, caso se trate de pessoas jurídicas que vão figurar como partes outorgantes, os documentos comprobatórios da representação;

c) conferir as procurações para verificar se obedecem à forma pública ou particular correspondente ao ato a ser praticado, se outorgam os poderes competentes e se os nomes das partes coincidem com os correspondentes ao ato a ser lavrado; sendo procuração por instrumento público lavrado em outro Cartório, se a firma de quem subscreveu o traslado ou certidão está reconhecida na comarca onde está produzindo efeitos e se, passada no estrangeiro, atende a todas as exigências legais;

d) examinar os documentos de propriedade do imóvel, obrigando a apresentação de certidão atualizada do Registro de Imóveis competente, bem como a de ações reais e pessoais reipersecutórias e de ônus reais, com prazo de validade de 30 (trinta) dias;

e) exigir os respectivos alvarás, observando se a firma do juiz está autenticada pelo escrivão-diretor do feito ou reconhecida por tabelião, quando se tratar de partes, espólio, massa falida, herança jacente ou vacante, empresário ou sociedade empresária em recuperação judicial, incapazes e outros que dependem de autorização judicial para dispor ou adquirir imóveis ou direitos a eles relativos, bem assim nas hipóteses de sub-rogação de gravames;

f) exigir, se não dispensadas pelo adquirente, certidões referentes aos tributos municipais que incidam sobre imóvel urbano, no caso de escritura que implique na transferência de domínio; comprovantes do pagamento de laudêmio e prova do pagamento do imposto de transmissão devidos;

g) exigir sempre, nos atos que tenham por objeto imóveis rurais, o certificado de cadastro do INCRA com a prova de quitação do último Imposto Territorial Rural lançado, ou relativo ao exercício imediatamente anterior, se o prazo para o pagamento daquele ainda não tenha vencido;

h) verificar, nos atos que tenham por objeto imóveis rurais, os Certificados de Cadastro, acompanhados das provas de quitação do imposto territorial rural, relativo ao último lançamento expedido pelo INCRA;

i) a aquisição de imóveis rurais por pessoas estrangeiras, se necessário, exigir a autorização das autoridades competentes.

12.1. É vedado o uso de instrumentos particulares de mandato ou substabelecimentos, para lavratura de atos que exijam a escritura pública (artigo 134 do Código Civil).

....

15. As escrituras, para sua validade e solenidade, devem conter:

a) a data do ato com indicação do local, do dia, mês e ano;

b) o lugar onde foi lida e assinada, com endereço completo e se não se tratar da sede do cartório;

c) o nome e qualificação completa (nacionalidade, profissão, domicílio, residência, estado civil, regime de bens, número do documento de identidade, repartição expedidora e número de inscrição no CPF ou CGC, quando caso) das partes e respectivos cônjuges, ainda que não comparecentes, assim como de outros intervenientes, com expressa referência a eventual representação por procurador;

d) menção à data, livro e folha do cartório em que foi lavrada a procuração, e data da expedição da certidão, quando exibida por esta forma;

e) quando se tratar de pessoa jurídica, a data do contrato social ou outro ato constitutivo, seu número na Junta Comercial ou no Registro competente, artigo do contrato ou dos estatutos sociais que delega a representação legal, autorização para a prática do ato, se exigível, e ata da assembleia geral que elegeu a diretoria;

f) nas escrituras de doação, o grau de parentesco entre doadores e donatários;

g) se de interesse de menores ou incapazes, menção expressa à idade e por quem assistidos ou representados, ressalvada a faculdade contida no artigo 1.166 do CC;

h) indicação clara e precisa da natureza do negócio jurídico e seu objeto;

i) a declaração, quando for o caso, da forma do pagamento, se em dinheiro ou cheque, este identificado pelo seu número e nome do banco sacado, ou outra forma estipulada pelas partes;

j) declaração de que é dada quitação da quantia recebida, quando for o caso;

l) indicação dos documentos apresentados, nos respectivos originais, entre os quais, obrigatoriamente em relação às pessoas físicas, cédulas de identidade, cartões de identificação do contribuinte (CIC), certidões de casamento;

m) as ressalvas de entrelinhas e emendas, antes das assinaturas e subscrição;

n) declaração de que a escritura foi lida em voz alta, perante as partes e testemunhas presentes, que a aceitaram como está redigida;

o) cota-recibo das custas e emolumentos devidos pela prática do ato, observado o disposto no item 58, do Capítulo XIII;

p) termo de encerramento;

q) assinatura das partes, do escrevente que a lavrou e do Tabelião ou de seu substituto especialmente designado para tanto, encerrando o ato e, se alguma das partes não puder ou souber assinar, outra pessoa capaz assinará por ela, a seu rogo, devendo ser colhida a impressão digital, exclusivamente com a utilização de coletores de impressões digitais, vedado o emprego de tinta para carimbo.

16. As escrituras relativas a imóveis e direitos a eles relativos devem conter, ainda:

a) a localização completa do imóvel com indicação de denominação se rural ou logradouro, número, bairro e cidade se urbano, e, ainda, quando se tratar só de terreno se esse fica do lado par ou do lado ímpar do logradouro, em que quadra e a que distância métrica da edificação ou da esquina mais próxima, bem como, com precisão, os característicos e as confrontações, exceto se se tratar de imóveis urbanos, desde que esses elementos constem da certidão do Registro de Imóveis, podendo, a critério do tabelião, ser consignado apenas o número do registro ou matrícula no Registro de Imóveis, além da localização e os documentos mencionados nas letras "d", "f" e "h", do item 12 deste Capítulo;

b) título de aquisição do alienante, mencionando-se a natureza do negócio, o instrumento, matrícula e registro anterior, seu número e cartório;

c) menção, por certidão em breve relatório, com todas minúcias que permitam identificá-los, dos alvarás, nas escrituras lavradas em decorrência de autorização judicial;

d) declaração de que o imóvel encontra-se livre e desembaraçado de quaisquer ônus reais, judiciais ou extrajudiciais, e sob pena de responsabilidade civil e penal sobre a existência de outras ações reais e pessoais reipersecutórias, relativas ao imóvel, e de outros ônus reais incidentes sobre o mesmo;

e) declaração, sob as penas da lei, de quitação relativa a débitos de condomínio, bem como de que não há débito relativo a impostos, taxas e semelhantes, especificando-os, se houver, exceto quanto àquelas dispensadas expressamente pelo adquirente, conforme disposto no item 12, letra "f" deste Capítulo;

f) quando se tratar de imóvel rural, menção dos dados do Certificado de Cadastro de Imóvel Rural – CCIR, elencados no parágrafo 6º do artigo 22 da Lei n° 4.947, de 6 de abril de 1966, com a redação dada pela Lei nº 10.267, de 28 de agosto de 2001;

g) inteiro teor da autorização emitida pelo INCRA para fins de desmembramento de imóvel rural;

h) número, data e local de expedição da certidão negativa de débito (CND) do INSS, quando exigida, nas hipóteses previstas no Decreto-Lei nº 8.212, de 24 de julho de 1991, com as modificações introduzidas pela Lei nº 9.032, de 28 de abril de 1995. Se as partes não estiverem sujeitas a contribuições devidas à Seguridade Social, será, sob as penas da lei, indispensável a declaração dessa circunstância;

i) indicação da guia de recolhimento do imposto de transmissão, ou de imunidade e isenção, ressalvadas as hipóteses em que a lei autorize a efetivação do pagamento após a sua lavratura; e bem assim do valor venal se o declarado dele divergir;

j) nas escrituras relativas a transferência de domínio útil, menção ao comprovante de pagamento do laudêmio e, no caso de aforamento, ao respectivo contrato com eventuais averbações e termos de transferência, se houver; ou no caso de ocupação, a certidão de inscrição, fazendo remissão aos diplomas legais: Decreto-Lei nº 2.398/1987, artigo 3º e Decreto Federal nº 95.760/88, artigo 2º;

l) número de contribuinte dado ao imóvel pela Prefeitura Municipal ou INCRA, se houver sido feito o lançamento; inexistindo este, será consignado no ato o respectivo comprovante;

m) expressa referência ao pacto antenupcial e seus ajustes, número de seu registro e cartório do Registro de Imóveis, quando o ato disser respeito a objeto de convenção antenupcial.

....

20. Nas procurações em que advogados figurem como mandatários constará o número de suas inscrições ou a declaração do outorgante de que o ignora, e nas outorgadas às sociedades de advogados constarão, como mandatários, os advogados que as integram.

21. Em todos os atos que praticarem, os tabeliães farão sempre referência ao livro e à folha do Registro de Títulos e Documentos em que tenham sido trasladados os mandatos de origem estrangeira, a que tenham de reportar-se.

22. Nas escrituras de substabelecimento, e naquelas em que as partes se fizerem representar por procurador substabelecido, o tabelião exigirá a apresentação dos instrumentos de procuração e substabelecimento, se estes não tiverem sido lavrados nas próprias notas do cartório, arquivando-os em pasta própria, com remissões recíprocas.

22.1. Os Tabeliães dos Cartórios de Notas, ao lavrarem instrumento público de substabelecimento de procuração ou revogação de mandato escriturado em suas próprias serventias, averbarão essa circunstância, imediatamente e sem ônus à parte, à margem do ato revogado ou substabelecido.

22.2. Quando o ato revocatório ou de substabelecimento tiver sido lavrado em outra serventia, o Tabelião, imediatamente e mediante o pagamento pelo interessado da despesa postal da carta registrada, comunicará essa circunstância ao Tabelião que lavrou o ato original, encaminhando-lhe cópia do substabelecimento ou da escritura de revogação de mandato que lavrou.

22.3. A cópia da escritura de substabelecimento de procuração ou revogação de mandato será arquivada em pasta própria, anotando o Tabelião, à margem do ato substabelecido ou revogado, o número da pasta e a folha em que arquivado o documento referido, com remissões recíprocas.

....

Glossário

A

A CONTADO – Significa à vista, tratando-se de pagamento. Vender ou comprar qualquer coisa a contado quer dizer: fazê-lo, efetuando o pagamento na hora, à vista.

A CONTENTO – O que se fez ou se realizou de modo satisfatório, segundo os desejos anteriormente manifestados.

À FÉ – Expressão usada em documentos para significar que o seu conteúdo exprime a verdade e que quem o firma (assina), assim o declara sob sua palavra, sob sua honra ou sob sua garantia.

À ORDEM – Cláusula inserta nos títulos de crédito para indicar que tais títulos à ordem são emitidos em favor de determinada pessoa que pode transferi-los a outrem mediante endosso.

A QUO – Juízo *a quo* é aquele de cuja decisão se recorre; *dies a quo* é o dia em que começa a contagem de um prazo.

A TERMO – Diz-se dos contratos e obrigações mercantis com prazo certo.

A TÍTULO DE – Expressão do vocabulário jurídico que designa: na qualidade de, como o título de proprietário; qualidade de, como contrato a título gratuito; por direito de, como a título de concessão; sob a forma de, como a título de empréstimo; com o fim de, como a título lucrativo.

À VISTA – Locução empregada para designar que o pagamento de uma determinada coisa deve ser feito no ato de sua aquisição.

ABATER – Diminuir o valor de uma conta pela dilapidação do objeto que ela representa.

ABATIMENTO – Redução de um valor por vários motivos: diferença de preço; diferença por danos; diferença pelo não cumprimento do prazo de entrega; diferença pela não igualdade de mercadorias vendidas, de acordo com a amostra anteriormente apresentada, etc.

ABERTURA DE CRÉDITO – Quantia colocada à disposição de uma pessoa, para que dela se beneficie, pelo levantamento ou cobertura de um débito.

AB INTESTADO – Ausência de testamento. Falta de deliberação do falecido, possuidor de um patrimônio, quanto à atribuição dos bens aos seus herdeiros.

ABONAR – Ato de uma terceira pessoa para garantir, por sua vez, a solvência do fiador. Afiançar o fiador. Em sentido geral, significa dar por bom e valioso, confirmar a autenticidade. Abonar uma firma é autenticá-la, garanti-la como verdadeira. Abonar a conduta de alguém é garantir sua retidão.

ABONO – Adiantamento de dinheiro – Aumento concedido em caráter provisório.

AÇÃO – Direito subjetivo público da parte interessada de deduzir em juízo uma pretensão para que o Estado lhe dê a prestação jurisdicional.

AÇÃO CAUTELAR – É a destinada à proteção urgente e provisória de um direito.

AÇÃO CIVIL – É aquela por meio da qual se tem por fim obter um provimento de natureza civil, ou seja, pertencente à área familiar, sucessória, obrigacional, contratual ou real.

AÇÃO CIVIL PÚBLICA – Proposta pelo Ministério Público ou outras pessoas jurídicas, públicas ou privadas, para proteger o patrimônio público e social, o meio ambiente, o consumidor, ou, ainda, quaisquer interesses difusos e coletivos, visando obter a reparação de danos.

AÇÃO COMINATÓRIA – Visa à condenação do réu a fazer ou não fazer alguma coisa, sob pena de pagamento de multa diária (arts. 287, 644 e 645, CPC).

AÇÃO CONSTITUTIVA – Tem por finalidade criar, modificar ou extinguir um estado ou relação jurídica.

AÇÃO DE CONHECIMENTO – Tem como finalidade reconhecer o direito do autor.

AÇÃO DE EXECUÇÃO – Visa ao cumprimento forçado de um direito já reconhecido.

AÇÃO DECLARATÓRIA – Limita-se a declarar a existência ou inexistência de relação jurídica ou de autenticidade ou falsidade de um documento (art. 4º, CPC).

AÇÃO DECLARATÓRIA INCIDENTAL – Serve para pedir que se julgue uma questão prejudicial referida no processo. Questão prejudicial é a que não está em julgamento, nem faz parte do mérito, mas que se coloca como antecedente lógico da decisão a ser proferida e poderá, por si só, ser objeto de um processo autônomo (arts. 5º e 325, CPC).

AÇÃO INCIDENTAL – É proposta no curso de outra ação, já em andamento, e com ela passa a caminhar, dentro do mesmo processo, para decidir questões prejudiciais. Exemplo: exibição de documentos com vistas a comprovar o direito discutido na ação principal.

AÇÃO MONITÓRIA – É a ação própria para reclamar pagamento em dinheiro, ou entrega de coisa móvel ou fungível (aquilo que é suscetível de substituição por bem da mesma espécie, quantidade ou qualidade), com base em prova escrita sem eficácia de título executivo.

AÇÃO PENAL – É aquela de titularidade do Ministério Público, quando incondicionada, com a finalidade de processar e julgar os autores de delitos penais.

AÇÃO POPULAR – É aquela que visa a anulação de ato lesivo ao patrimônio público ou de entidade de que o Estado participe, à moralidade administrativa, ao meio ambiente e ao patrimônio histórico e cultural, podendo ser proposta por qualquer cidadão (art. 5º, LXXIII, da CF; Lei nº 4.717, de 29.6.1965).

AÇÃO RESCISÓRIA – É destinada a desconstituir ou revogar acórdão ou sentença de mérito transitada em julgado (art. 485, CPC). O prazo para a sua interposição é de dois anos (art. 495, CPC).

ACAREAÇÃO – Ato de confrontar duas ou mais pessoas cujos depoimentos foram contraditórios, para que possam ser resolvidas as divergências.

ACEITE – Ato de aceitar a responsabilidade cambial. É a concordância, por escrito, do sacado, em pagar no vencimento a importância relativa à obrigação assumida.

ACIONAR – Ato de introduzir uma ação em juízo contra alguém.

ACIONISTA – É o titular da ação, *i.e.*, de cota de capital de sociedade por ações. Portador de ações integrantes do capital social de sociedade por ações.

AÇÕES – Títulos emitidos por Sociedades Anônimas representativos de parte de seus capitais sociais.

ACÓRDÃO – Julgamento feito por corpos coletivos. O acórdão pode ser judicial ou administrativo.

ACORDAR – Resolver, decidir por pluralidade de votos alguma questão submetida à apreciação de algum órgão colegiado. Concordar com as cláusulas ou condições de um contrato ou aceitá-las por meio de acordo, ajuste ou convenção.

AD CORPUS – Por corpo. Pelo todo. Diz-se de venda de bem certo e determinado, por preço único (exemplo com fixação de limites, na venda de imóvel). Opõe-se à venda *ad mensuram*. Art. 500 do Código Civil.

AD HOC – Para isto, para fim determinado; pessoa nomeada, em caráter transitório, para exercer uma determinada função.

AD JUDICIA – PROCURAÇÃO – É a procuração outorgada a alguém para representar o mandante em atos judiciais.

AD JUDICIA ET EXTRA – para fins judiciais e extrajudiciais (repartições públicas, cartórios, bancos, etc.)

AD MENSURAM – Alienação de imóveis com limites, encerrando a área certa.

AD NEGOTIA – PROCURAÇÃO – Para os negócios. Diz-se da procuração outorgada para a efetivação de negócios ou atividade extrajudicial.

AD QUEM – Juízo *ad quem* é aquele para o qual se recorre.

ADIANTAR – Expressão usada para designar um adiantamento de dinheiro, antes de vencer o prazo para pagamento de uma dívida.

ADICIONAIS – Parcelas juntadas extraordinariamente a verbas normais.

ADITAMENTO – Ato ou efeito de aditar. Aquilo que se propõe completar, reforçar, juntar novos elementos.

ADJETO – Designa a qualidade de dependência ou de acessório de outra coisa, que se mostra a principal. Acrescentado, juntado. Escritura de Compra e Venda com pacto adjeto é aquela que, após a redação das cláusulas da compra e venda, registra o imóvel vendido com garantia hipotecária ao pagamento das prestações estipuladas e total liquidação da dívida, quando vencida.

ADJUDICAÇÃO – Ação ou efeito de adjudicar – Ato judicial ou administrativo pelo qual se dá a alguém a posse de certos bens.

ADMINISTRAÇÃO – Vocábulo genérico que se emprega tanto no âmbito privado como no âmbito público. É toda atividade de uma pessoa física ou jurídica consagrada à gestão de negócios particulares ou de terceiros.

ADMINISTRAÇÃO DIRETA – Conjunto de órgãos ligados diretamente aos governos da União, dos Estados, do Distrito Federal e dos Municípios.

ADMINISTRAÇÃO INDIRETA – Conjunto de órgãos dotados de personalidade jurídica própria e criados para a consecução de um objetivo específico do Estado, como as autarquias, as fundações públicas, as empresas públicas e as sociedades de economia mista.

ADQUIRENTE – O que adquire alguma coisa. O que compra, obtém ou consegue.

ADUANA – Direitos alfandegários.

AFIANÇADOR – Pessoa que garante a realização de fato que envolva terceiros. Garantia dada a uma pessoa por pagamento de dívida ou responsabilidade, pela idoneidade de alguém.

AFIANÇAR – Garantir a realização de fato que envolva terceiros.

AFORAR – 1. Dar ou tomar por aforamento (v. enfiteuse). 2. Ato de levar a causa a juízo, dar entrada em petição inicial no foro.

AFORAMENTO – Concessão de imóvel para uso durante longo tempo feita por contrato, onde é especificado o domínio direto (o de propriedade) e o domínio útil (o de uso).

AFORMOSEAMENTO – Ato pelo qual o proprietário de um bem, móvel ou imóvel, nele introduz melhoramento para melhor orná-lo ou torná-lo mais enriquecido.

ÁGIO – Lucro proveniente das cotações no mercado [pela "mais valia" dada ao valor nominal. Exemplo: sobre operações de câmbio; ágio de ouro; sobre títulos públicos ou particulares; majoração pelos prazos de vencimentos de títulos (juros)].

AJUIZAR – Propor uma ação, ingressar em juízo.

AJUSTE – Pacto, convenção, contrato, acordo, ajustamento, acerto, liquidação.

ALHEIO – Denominação dada aos bens figurantes no patrimônio e pertencentes a terceiros.

ALIENAÇÃO – Ato ou efeito de alienar. Transferência ou venda a terceiros dos direitos de propriedade sobre alguma coisa. Cessão.

ALQUEIRE – Medida que varia, no Brasil, quanto à área. Em São Paulo, mede 24.200 m2 (2,42 hectares) e, em alguns outros estados, o dobro.

ALTERAÇÃO DE CONTRATO – Maneira de proceder na alteração de cláusulas contratuais.

ALTERAÇÃO DE FIRMA – Ato de modificar a estrutura de uma firma, no que diz respeito à substituição ou saída de algum componente, ou alterando-lhe a denominação.

ALUGUEL – (ou aluguer) – Contraprestação da locação. Renda do bem dado em locação. Elemento essencial desse contrato, que o diferencia do comodato (Código Civil, art. 565).

ALVARÁ – Autorização administrativa ou judiciária, para que seja feito ou praticado algum ato que é fiscalizado pela Administração Pública ou só pode ser praticado mediante autorização judicial.

AMEAR – É dividir ao meio, ou proceder à meação.

AMORTIZAR – É o ato de satisfazer e extinguir uma dívida através do seu parcelamento em prestações periódicas e sucessivas, nas quais são incluídos os juros, até o resgate da obrigação.

ANTICRESE – É o direito real sobre imóvel alheio; contrato segundo o qual o titular de um imóvel transfere seu uso ao seu credor, condicionando essa transferência ao fato de o credor arrecadar o rendimento até totalizar a importância que lhe é devida, reembolsando-o ao seu legítimo possuidor após o pagamento da dívida.

ANUIR – Concordar, consentir, assentir, aprovar.

ANULÁVEL – Passível de anulação, em consequência de vício ou defeito, que possa ser arguido pelo que tenha interesse na sua invalidação (Código Civil, arts. 138 a 165).

APONTADO – Diz-se do título de crédito que, levado ao Cartório de Protestos, foi anotado pelo Oficial para protestar, caso não seja pago pelo devedor no prazo marcado no aviso expedido.

APROPRIAÇÃO – Distribuição de alguma coisa por partes, proporcionalmente ou por alíquotas.

AQUIESCÊNCIA – Assentir, consentir, anuir, aquiescer, conceder, ceder. Dar consentimento para a realização de determinado ato.

AQUIESCENTE – Aquele que aquiesce que anui, que concorda.

AQUINHOAR – Repartir, distribuir, dar em quinhões, ou seja, dividir um patrimônio em quinhões (partes).

AQUISIÇÃO – Ato pelo qual se é investido na posse de um direito ou de um bem, passando-se a ter a qualidade de titular ou dono do mesmo.

ARE – Unidade de medida agrária de superfície, equivalente a 100 (cem) metros quadrados.

ÁREA – Na geometria: é toda superfície plana delimitada. No direito: compreende o espaço delimitado de terreno ou chão, pertencente a um imóvel.

ARREMATAÇÃO – Aquisição de bens levados a leilão em processos de execução; um leiloeiro apregoa e um licitante os adquire, pelo maior lance (art. 686, CPC).

ARRENDADOR – Aquele que cede uma coisa em arrendamento. Locador, senhorio.

ARRENDAR – Ato de ceder ou obter um bem para uso, por prazo e valor locativo prefixados.

ARRENDATÁRIO – Aquele que recebe uma coisa em arrendamento. O mesmo que rendeiro, inquilino.

ARRESTAR – Fazer ou decretar arresto, isto é, apreensão judicial de bens do devedor, como meio preventivo de garantir ao credor a cobrança de seu crédito, até ser decidida a questão (art. 813, CPC).

ARRESTO – Medida cautelar que consiste na apreensão antecipada e provisória de bens do devedor (art. 813, CPC) para garantia de seu credor.

ARROLAR – Ato pelo qual se faz a discriminação de pessoas ou coisas, colocando-as num rol ou lista; por exemplo, arrolamento de testemunhas, arrolamento de bens.

ASCENDÊNCIA – Linha direta de parentesco pela qual se contam as gerações de que provém uma pessoa. Tronco comum de que descendem uma ou várias gerações.

ASCENDENTE – Parente, do qual a pessoa descende em linha reta. Antepassado, ancestral.

ASSENTAMENTO – Registro dos atos e fatos de gestão nos livros contábeis.

ASSENTE – Em matéria de contrato, indica concluído, fechado, decidido. Na terminologia jurídica geral, designa firme, pacífico, como na expressão: "é princípio assente na doutrina".

ASSENTIR – Anuir, concordar, consentir (Código Civil, arts. 111, 539, 659, etc.).

ATESTADO – Declaração escrita feita por alguém, em razão de cargo, ofício ou função, para afirmar a existência ou verdade de um fato, circunstância ou estado, constituindo um documento, para o que vai assinado pelo declarante. Exemplo: atestado médico, atestado de óbito, atestado de bons antecedentes, etc.

ATESTAR – Certificar por escrito. Dar ou passar atestado, em razão de ofício, cargo ou função.

ATIVO – É a parte positiva do patrimônio, representada pela posse de bens e direitos por parte da empresa.

ATO ADMINISTRATIVO – Atos de gestão, praticados pelos administradores, sem manusear valores patrimoniais, mas tomando providências, com a finalidade de fazê-los circular, para obtenção de um resultado.

ATO CONSTITUTIVO DA SOCIEDADE – Contrato ou ato coletivo. É um negócio jurídico para o qual são exigidos além dos requisitos comuns a todo negócio jurídico, agente capaz, objeto lícito e forma prescrita ou defesa em lei.

AUFERIR – Em contabilidade, é obter algum resultado que decorra de fatos administrativos.

AUTARQUIA – É uma entidade de direito público, com personalidade jurídica e patrimônio próprios, destinada à execução de atividades destacadas da administração direta. Exemplo: INSS, BACEN.

AUTENTICAR – Ato de certificar a exatidão ou validade de um documento.

AVAL – Responsabilidade solidária, pessoal e plena, prestada a um obrigado ou coobrigado, como garantia de um título cambial.

AVALIAÇÃO – Determinação do valor real de um bem.

AVALISTA – Pessoa responsável por dívidas de terceiros mediante aval.

AVALIZADO – Aquele que for garantido por aval.

AVENÇA – Ajuste, acordo entre as parte litigantes para pôr termo à demanda.

AVERBAÇÃO – Nota complementar ou alteração lançada à margem ou a pé de um registro, em face de sentença, mandado, certidão ou ato jurídico. Registrar, anotar em título ou documento.

B

BAIXA – Termo usado para designar a queda do valor de um bem.

BALANÇA COMERCIAL – É o meio pelo qual se verifica a existência de saldo positivo ou negativo entre as importações e exportações de produtos primários e mercadorias.

BALANÇA DE PAGAMENTOS – Termo usado para designar a comparação entre créditos e débitos dos patrimônios.

BALANÇO – É a demonstração da situação real de um patrimônio, no que se refere aos bens, direitos, obrigações e resultados econômicos.

BARATA – Expressão atualmente em desuso, antigamente empregada com o sentido de venda, permuta, negociação, contrato, letra sacada contra o Tesouro; título de dívida.

BASTANTE – Na acepção jurídica, expressa tudo que se concede com as suas qualidades ou condições, sejam elas físicas ou morais, suficiente e legalmente necessárias. Na procuração, "bastante" indica que o mandatário encontra-se investido de autoridade suficiente para praticar todos os atos expressos no instrumento do mandato. (Código Civil, art. 653 e, especialmente, o § 1º do art. 654).

BENFEITORIAS – São as obras ou despesas que se fazem num imóvel de outrem para conservá-lo, melhorá-lo ou, simplesmente, embelezá-lo ou torná-lo mais agradável.

BENS – Todas as coisas corpóreas ou incorpóreas suscetíveis de valor e de constituir objeto de relação jurídica. "Coisas que são objeto de direito, que formam o nosso patrimônio e a nossa riqueza."

BILATERAL – O que possui dois lados, ou que se refere a lados opostos, o que consta de dois lados ou partes. Em direito podemos dizer que o termo se relaciona com os atos jurídicos, como, por exemplo, um contrato em que ambas as partes são obrigadas a dar, fazer ou não fazer alguma coisa.

BIVALENTE – Diz-se quando um bem possui valor dual, dado pelas cotações dos mercados; valor para compra, valor para venda.

BOA-FÉ – É o estado de espírito pelo qual a pessoa tem convicção de que está agindo sob o amparo da lei, ou sem ofensa a ela.

BOICOTE (ou boicotagem) – É um procedimento ou conduta sistemática, que consiste em criar obstáculos aos interesses negociais, comerciais ou sociais de outrem geralmente com o fito de obrigá-lo a ceder, transigir quanto a alguma coisa.

BOLINHA (guia) – Termo usado para dar gorjeta ou gratificação em certas repartições para a realização de certos atos. Propina, suborno.

BÔNUS – 1. Prêmio que algumas companhias ou empresas concedem a seus associados ou subscritores, sob condições estipuladas. 2. Acréscimo espontâneo distribuído aos portadores de títulos formadores do capital das empresas.

C

CABECEL – É aquele dentre os proprietários de prédio aforado, eleito pelos demais consortes, que fica responsável o senhorio pelo pagamento do foro, respondendo por todos perante ele (art. 690, Código Civil revogado); a nova Lei Civil não mais prevê o instituto da Enfiteuse.

CADASTRO – Registro onde se arrolam, com informações minuciosas, bens, pessoas, contribuições, etc.

CADUCAR – Perder a validade ou a força de um direito, em decorrência do tempo; superado o prazo legal, o titular do direito não mais poderá exercê-lo.

CAIXA – Conta patrimonial ativa cuja função é a de registrar as entradas e saídas de dinheiro.

CÂMBIO – 1. Troca, permuta. 2. Operações de troca ou permuta de moedas estrangeiras por nacionais ou vice-versa.

CANCELAR – Tornar sem efeito qualquer documento. Riscar. Anular.

CAPACIDADE FINANCEIRA – Possibilidades financeiras que permitem a realização de negócios projetados na espécie e limites desejados.

CAPITAL DE GIRO – É representado pelos valores rotativos do patrimônio, sejam eles de aplicação, troca ou espécie. São valores que se renovam por rotações constantes, no sentido de oferecer um resultado operacional.

CAPITAL INICIAL – Quantia inicial entregue pelo proprietário à empresa para que esta tenha vida própria. No sentido econômico, representa a fonte geradora aplicável em bens destinados à rotação patrimonial, objetivando um resultado. O capital social registrado, representa o lance inicial do patrimônio, modificando-se logo em seguida, pelos resultados auferidos na movimentação de valores; todavia, permanece escriturado legalmente como valor nominal.

CAPUT – Indica o início, a primeira parte de um artigo de lei. Refere-se à primeira parte, ou à parte mais alta de um artigo de lei.

CARTA DE CRÉDITO – Documento que autoriza uma pessoa ou empresa a sacar determinada importância colocada a seu favor.

CARTÓRIO – Lugar onde funcionam os tabelionatos, os ofícios de notas e os registros públicos e se mantêm os respectivos arquivos.

CASO FORTUITO – É o fato natural, imprevisível ou inevitável a que estão sujeitos os bens de um patrimônio. Por exemplo, tempestade, incêndio (não provocado), enchente, terremoto.

CATÁLOGO – Lista de preços, ou ainda, relação de modelos.

CAUÇÃO – Ato pelo qual é garantida a indenização de algum dano possível ou a falta de cumprimento de alguma obrigação. Depósito em dinheiro; garantia.

CAUÇÃO JUDICIAL – É a garantia real (sobre bens) ou fidejussória (baseada "na palavra", compromisso de pessoas, que é a fiança) de que, de um ato judicial que uma das partes quer praticar, resultará indenizada a parte contrária; pode ser requerida pelo interessado, mas, às vezes, é a própria lei que determina que alguém, para fazer algo, ou para promover determinada ação, preste caução. Exemplo: o Código Civil, no art. 1280, especifica que o proprietário tem direito de exigir do dono do prédio vizinho a demolição, ou a reparação necessária, quando este ameace ruína, bem como preste caução pelo dano iminente.

CAUSA – Em sentido amplo, é o motivo, a razão, a força criadora ou determinadora de um fato, de uma circunstância, de um fenômeno. O princípio, a origem, a fonte. Em direito, tudo aquilo capaz de criar uma relação jurídica. O Código de Processo emprega o termo como sinônimo de ação, processo, feito, lide, demanda, pleito e litígio.

CEDENTE – Aquele que faz a cessão de um direito ou de uma coisa.

CEDER – Transferir a outrem um direito, a posse ou a propriedade de uma coisa.

CERTIDÃO – Reprodução por escrito e autenticada, feita por escrivão, oficial do registro público, ou outra pessoa que para isso tenha competência *ex lege*, de peças de autos, livros, instrumentos, documentos e atos escritos congêneres, constantes de suas notas e em razão de seu ofício.

CERTIDÃO DE OBJETO E PÉ (ou de breve relato) – Certidão que retrata o andamento do processo, elaborada pela secretaria do cartório judicial a pedido de parte interessada.

CERTIDÃO NEGATIVA – É aquela cujo teor declara não haver registro de algum ato ou fato, como, por exemplo, existência de dívida.

CESSÃO – Ato pelo qual uma pessoa transfere para outrem um ou mais direito de que é titular.

CESSIONÁRIO – Pessoa a quem se transfere um direito ou obrigação por meio de cessão. Pessoa a quem se faz uma cessão.

CIRCUNSCRIÇÃO – É a delimitação territorial para efeitos de divisão administrativa de trabalho, definindo a área de atuação de agentes públicos.

CISÃO – Operação pela qual uma companhia transfere parcelas ou totalidade do seu patrimônio para uma ou mais sociedades, constituídas com esta finalidade ou já existentes.

CITAÇÃO – Ato processual escrito pelo qual se chama, por ordem da autoridade competente, o réu, ou o interessado, para defender-se em juízo. Pode ser feita por mandado, se o réu ou o interessado estiver no território sujeito à jurisdição do juiz que a ordenou; por carta precatória, se estiver fora da jurisdição do magistrado processante; por carta rogatória, se a citação tiver de ser feita em outro país; ou por edital, se o réu estiver em local inacessível ou se a pessoa que tiver de ser citada for incerta.

CITAÇÃO COM HORA CERTA – Realizada quando o oficial de justiça não consegue encontrar a pessoa a ser citada e tem a impressão de que ela está esquivando-se; após procurá-la por três vezes, ele marcará hora certa do dia subsequente ao aviso para citá-la. Caso ela não se encontre, deixará contrafé com qualquer pessoa da família ou com vizinho.

CITAÇÃO *FICTA* – Também é designada *citação presumida*, por ocorrer mediante edital ou com hora certa.

CITAÇÃO NA EXECUÇÃO – Ato processual que dá início à execução, quando o devedor é chamado para defender-se, sendo-lhe oferecida uma última oportunidade para cumprir a prestação devida.

CITAÇÃO PELO CORREIO – Ocorre por meio de carta citatória registrada e expedida com aviso de recebimento para que, com a anexação desse aviso aos autos, fique comprovado o recebimento da citação pelo destinatário.

CITAÇÃO POR CARTA DE ORDEM – Ordem do tribunal dirigida a juiz que lhe seja subordinado para que este determine o cumprimento de uma citação.

CITAÇÃO POR CARTA PRECATÓRIA – Ato citatório que ocorre quando o réu ou o interessado mora em outra Comarca e deve ser comunicado para defender-se em juízo. O juiz do processo, por não ter jurisdição na Comarca onde a citação deve ser efetuada, depreca ao juiz da Comarca onde a citação deve ser feita para que a providencie. O instrumento desse pedido feito por um juiz a outro da mesma categoria funcional é a carta precatória.

CITAÇÃO POR CARTA ROGATÓRIA – Ato processual solicitado por juiz brasileiro, por via diplomática, a uma autoridade judiciária estrangeira, quando o réu ou o interessado esteja no exterior. Dá-se o mesmo nome para pedidos de juízes estrangeiros a juízes brasileiros.

CITAÇÃO POR EDITAL – Ocorre por aviso ou anúncio publicado na imprensa oficial ou particular, afixado na sede do juízo, ou divulgado pelo rádio, no caso de ser o réu desconhecido ou incerto, de se encontrar em local ignorado, incerto ou inacessível, ou, ainda, nos casos expressamente indicados em lei.

CITAÇÃO POR MANDADO – Feita pelo próprio oficial de justiça, não dispondo a lei de outro modo, no território da circunscrição judiciária em que o juiz ordenador da diligência citatória exerce a jurisdição ou no de Comarca contígua, quando fácil a comunicação e próximo o lugar onde resida o citando ou onde ele possa ser encontrado.

CITAÇÃO POR OFICIAL DE JUSTIÇA – Aquela feita pelo oficial de justiça, por ordem do juiz, que manda entregar-lhe o mandado, quando vedada ou frustrada a citação pelo correio, para que procure o réu e cite-o, onde o encontrar, ou proceda à citação por intermédio de pessoa da sua família ou do vizinho, no caso de não encontrar o citando porque este se escondeu para não ser citado.

CÍVEL – Relativo ao direito civil.

CIVIL – Relativo a um estado jurídico, ou a relações jurídicas de que trata o direito civil.

CLÁUSULA – Disposição contida num ato jurídico. Condição aceita pelas partes contratantes e lançada no respectivo instrumento do contrato, do qual faz parte integrante. Artigo, condição, estipulação, preceito. E, em particular, cada item de um contrato.

CLÁUSULA COMPROMISSÓRIA – Aquela pela qual as partes contratantes assumem o compromisso de submeter à decisão arbitral qualquer questão futura entre as partes que possa surgir com relação ao cumprimento do contrato.

CLÁUSULA *CONSTITUTI* – Aquela pela qual o vendedor investe o comprador na posse do bem.

CLÁUSULA DE RETROVENDA – É a cláusula constante de um contrato de compra e venda, pela qual o vendedor se reserva o direito de recobrar, em certo prazo, que não pode ultrapassar de três anos, o imóvel que vendeu, restituindo o preço mais as despesas feitas pelo comprador, bem como reembolsando-o das que forem empregadas em melhoramentos do prédio, até o valor por esses melhoramentos acrescentados à propriedade (Código Civil, art. 505).

CLÁUSULA DE REVERSÃO (ou retorno) – É aquela pela qual o beneficiador, no contrato em que institui uma liberalidade, como na doação, na dotação e na partilha *inter liberas*, estabelece que, caso sobreviva aos benefícios, a si retornem os bens doados, dotados ou partilhados (Código Civil, art. 547).

CLÁUSULA DE VENDA A CONTENTO – Cláusula de não haver venda, ou de ficar desfeita, se a coisa vendida não agradar ao comprador (Código Civil, arts. 509 a 512).

CLÁUSULA *REBUS SIC STANTIBUS* – Cláusula implícita de rescisão do contrato de longa duração e execução sucessiva, "sobrevindo circunstâncias tais que, se pudessem ser previstas, o contrato, ou não seria celebrado, ou somente o seria com diversas cláusulas".

CLÁUSULA RESCISÓRIA (ou resolutória) – Aquela pela qual se estipula que o inadimplemento da obrigação, por parte de qualquer dos contratantes, implica rescisão automática do contrato.

CO-GESTÃO – Pessoa escolhida para assumir uma parte da administração empresarial.

COISAS COMPOSTAS – Aquelas compostas de mais de um espírito, como por exemplo: um prédio, um navio, etc.

COISAS CONSUMÍVEIS – Aquelas cuja utilidade é a de serem gastas.

COISAS CORPÓREAS – Que se podem tocar.

COISAS DIVISÍVEIS – Aquelas cuja soma de suas partes tem o valor econômico social do inteiro.

COISAS FUNGÍVEIS – Coisas que se pesam, se medem ou se contam; substituíveis.

COISAS INCONSUMÍVEIS – Aquelas que não são gastas.

COISAS INDIVISÍVEIS – Aquelas cuja soma de suas partes não tem o valor econômico social do inteiro.

COISA JULGADA – Qualidade que a sentença adquire, de ser imutável, depois que dela não couber mais recurso.

COISA JULGADA FORMAL – É a imutabilidade da sentença dentro do processo em que foi proferida.

COISA JULGADA MATERIAL – É o impedimento de ser a lide novamente discutida em outro processo, ou no mesmo, por estar a questão definitivamente julgada.

COISAS SIMPLES – Aquelas que possuem um só espírito, como por exemplo: um escravo, uma pedra.

COISAS SINGULARES E COLETIVAS – Em administração econômica, correspondem respectivamente a coisas que independem umas das outras e coisas que formam grupos ou categorias.

COISAS UNIVERSAIS – Complexos únicos como herança, dote, pecúlio.

COMANDITADOS – Sócios responsáveis ilimitada e solidariamente pelas obrigações sociais de uma sociedade em comandita.

COMANDITÁRIOS – Denominação dada aos sócios de uma sociedade em comandita que têm responsabilidade ao capital que subscreveram e não ocupam posição administrativa dentro da empresa.

COMARCA – Cada um dos distritos ou circunscrições judiciais, em que, de acordo com a Lei de Organização Judiciária de cada Estado, se divide o território deste, ficando cada divisão assim feita sob a jurisdição de um ou mais juízes de direito.

COMINAR – Estabelecer pena para uma determinada infração. Ameaçar com pena. Instituir pena, por meio de lei ou convocação entre as partes contratantes. Impor a pena prevista para a infração.

COMISSÃO – Ato de cometer, de praticar, de executar. Remuneração sobre o valor dos negócios realizados.

COMITENTE – Aquele que comete. O que dá comissão.

COMODANTE – Aquele que dá uma coisa em comodato. O que empresta a outrem, a título gratuito, coisa não fungível, para ser restituída após seu uso.

COMODATÁRIO – Aquele que recebe uma coisa em comodato. O que recebe uma coisa não fungível, a título de empréstimo gratuito, por um prazo convencionado com o comodante, ou, na falta de convenção, pelo tempo presumível necessário para o uso concedido.

COMPANHIA – Sociedade industrial ou comercial, constituída por acionistas. O mesmo que Sociedade Anônima (S/A).

COMPARTE – Aquele que tem parte ou quinhão em coisa comum. O mesmo que condômino ou quinhoeiro.

COMPETÊNCIA – Delimitação da jurisdição e da área de atuação de cada juiz; é o limite de um juízo ou tribunal; às vezes se define pelos limites territoriais, pela matéria (cível, criminal, trabalhista) ou pela organização funcional (Tribunal de Justiça, Tribunal de Alçada).

COMPRA E VENDA – CONTRATO – Aquele que determina reciprocidade de obrigações por parte de mais de um negociante. Um determinado vendedor se obriga a entregar a outrem denominado comprador, uma determinada quantidade de mercadorias sob rígidas condições de preço, qualidade, tempo e pagamento.

COMPROVANTE – Declaração escrita e formal que compra operação econômico-administrativa.

COMUTAÇÃO – Ato ou efeito de comutar. Permutação, substituição.

COMUTAR – Substituir, permutar.

COMUTATIVO – CONTRATO – Aquele que estabelece deveres equivalentes às partes contratantes.

CONCESSIONÁRIO – Pessoa ou empresa autorizada a explorar o serviço de utilidade pública.

CONCHAVAR – Combinar. Ajustar. Conluiar. Fazer conluio ou conchavo. Cabalar.

CONCILIAÇÃO – Acordo entre as partes.

CONDIÇÃO – É a cláusula que subordina o efeito do ato jurídico a evento futuro e incerto.

CONDOMÍNIO – É o direito de propriedade, exercido por mais de uma pessoa, em conjunto, sobre uma coisa, cabendo a cada uma o mesmo poder jurídico, idealmente na totalidade e nas mínimas partes da coisa (o mesmo que compropriedade).

CONFINANTE – O que limita ou circunscreve alguma coisa. Que tem limite ou fronteira comum.

CONSIGNAÇÃO – Operação na qual uma pessoa recebe uma determinada mercadoria a fim de vendê-la por conta de outra, mediante uma remuneração denominada comissão.

CONSIGNATÁRIO – Aquele que recebe mercadorias de terceiros para vendê-la mediante uma porcentagem, pelo serviço prestado.

CONSTITUTO POSSESSÓRIO – É o modo de tradição, pelo qual o alienante, em vez de entregar ao comprador a coisa vendida, a detém em seu poder, passando a possuí-la *in nomine alieno*, isto é, em nome do alienante (Código Civil, art. 1.267, parágrafo único).

CONTABILIZAR – Fazer constar através de registros, fatos ou atos ocorridos dentro de uma azienda qualquer. O mesmo que escriturar.

CONTADO, DE – Diz-se da transação que se faz à vista, a dinheiro. Por exemplo, compra e venda de contado.

CONTRAFÉ – Cópia da inicial, entregue ao réu pelo oficial de justiça, por ocasião da citação (art. 226 do CPC). Cópia autêntica do mandado.

CONTRATO – É o acordo de vontades para o fim de adquirir, resguardar, modificar ou extinguir direitos.

CONVENÇÃO – Ajuste, acordo, verbal ou escrito, entre duas ou mais pessoas, com o fim de criar obrigações e modificar ou extinguir as anteriormente existentes.

CONVERSÃO – Denominação que se dá na operação de permuta de uma obrigação, por outra de diferente espécie.

CO-OBRIGAÇÃO – Obrigação assumida por duas ou mais pessoas; cada uma das pessoas chama-se coobrigado. Caracteriza-se também nos endossos ou avais de títulos creditícios.

CORRETAGEM – Remuneração que o corretor recebe por seus serviços.

CORRETOR – Mediador de negócios. Toda pessoa física ou jurídica que serve de intermediário entre o vendedor e o comprador. Por exemplo, corretor de imóveis, de mercadorias.

COTA – Representa a fração de um inteiro (contábil); manifestação dos advogados das partes ou do Ministério Público, nos próprios autos, no correr de um processo, acerca de um documento ou de qualquer incidente processual (jurídico).

CRECI – Conselho Regional de Corretores de Imóveis – É o órgão que disciplina e fiscaliza o exercício da profissão de Corretor de Imóveis (TTI – Técnico de Transações Imobiliárias).

CREDITADO – Aquele em favor do qual é aberto ou encerrado um saldo devedor.

CRÉDITO – Representa o direito presente de uma pessoa, para sacar contra uma terceira, por conta ou por saldo de uma entrega passada. O crédito representa um direito pessoal por fornecimento de bens, serviços ou numerários.

CURADOR – Aquele que é nomeado para defender certos interesses, ou para assistir, representar ou defender certas pessoas.

CURADOR ESPECIAL – Aquele que é nomeado para assistir a certas pessoas, não de um modo geral, mas apenas em determinado processo.

CURATELA – Ocorre quando alguém é nomeado, judicialmente, para defender e administrar os bens de uma pessoa maior, que, por si só, não está em condições de fazê-lo, em razão de enfermidade física ou mental; em direito penal, o curador do réu é nomeado, no inquérito policial ou na ação penal, quando se tratar de menor de vinte e um anos ou suspeito de insanidade mental.

CUSTÓDIA – Guarda ou depósito de uma coisa sob o cuidado e responsabilidade de determinada pessoa. Vigilância, proteção, amparo.

D

DAÇÃO EM PAGAMENTO – Ato pelo qual o devedor, com a concordância do credor, substitui pagamento em dinheiro por coisa ou bem de idêntico valor.

DAR FÉ – Dar autenticidade a alguma coisa. Afirmar a verdade. Garantir a autenticidade de documento dos serventuários da justiça ou oficial do registro público.

DATIO IN SOLUTUM – Pode ter como objeto, prestação de qualquer natureza, desde que não seja dinheiro de contado: coisa móvel ou imóvel, títulos de créditos, fatos e abstenções. (vide dação em pagamento)

DE CUJUS – Abreviatura das expressões latinas *cujus agitur hereditatis*, ou seja, o defunto em nome de quem agem os herdeiros, e *cujus sucessione agitur*, ou seja, de cuja sucessão se trata; assim, o *de cujus* é sempre o falecido que deixou a herança ou aquele em nome de quem age o espólio durante o inventário.

DE DIE AD DIEM – De dia a dia. Diz-se do prazo que se conta dia por dia.

DEBÊNTURE – Título representativo de uma das partes iguais em que se divide a soma total de um empréstimo levantado por uma sociedade anônima ou em comandita por ações.

DECLARAÇÃO – Ato praticado por meio de um documento firmado, no qual uma pessoa esclarece a outra ou outras, dúvidas surgidas ou confirmações de palavras ou atos proferidos.

DEFEITO – Na terminologia jurídica, tem o mesmo sentido de vício, imperfeição ou falha, que prejudica ou diminui a qualidade do ato, da coisa ou da pessoa.

DEFERIMENTO – Ato de anuir ao que se pediu ou requereu. Ato ou efeito de deferir. Em linguagem forense, designa o despacho pelo qual o juiz concede aquilo que a parte interessada requereu.

DEFERIR – Acolher um requerimento, um pedido, uma pretensão.

DÉFICIT – (do latim = falta) – Representa o desequilíbrio negativo de um patrimônio. É o prevalecimento das despesas sobre as receitas.

DELEGAÇÃO DE DÍVIDA – Representa a transferência da dívida de um devedor para outro, sendo que o segundo se encarrega do respectivo pagamento ao credor. Torna-se o primeiro devedor, um coobrigado perante o credor.

DELEGAR – Ato típico de quem tem algum poder e o transfere a outrem para que o exercite em seu nome.

DELITO – Toda infração à lei, podendo ser civil, penal, fiscal ou administrativo.

DEMANDA – Ação de demandar no sentido de reclamar, pedir, requerer, exigir, ou intentar ação judicial.

DENEGAÇÃO – Indeferimento ou negação de uma pretensão formulada em juízo.

DENEGAR – Indeferir, negar uma pretensão formulada em juízo.

DENUNCIAÇÃO DA LIDE – Ocorre quando o autor ou o réu chamam a juízo terceira pessoa, para garantir seu direito, a fim de resguardá-lo no caso de ser vencido na demanda.

DEPOIMENTO PESSOAL – Inquirição da parte, pelo juiz, sobre os fatos da causa. Se o réu não comparecer em juízo ou se recusar a depor, serão presumidos como verdadeiros os fatos alegados contra ele.

DEPOSITANTE – É a pessoa que entrega ou confia coisa ou valor aos cuidados de outrem para que os guarde até que seja solicitada a restituição (Código Civil, arts. 627 a 652).

DEPOSITAR – Entregar coisa ou valor a outra pessoa, entidade ou instituição para que os guarde até pedido de restituição (Código Civil, arts. 627 a 652).

DEPOSITÁRIO – Pessoa, entidade ou instituição que recebe bens ou valores de alguém com o fim de guardá-los posteriormente (Código Civil, arts. 627 a 652, e Código de Processo Civil, arts. 148 a 150; 824, 825, 919).

DEPOSITÁRIO INFIEL – É a pessoa a quem foram confiados bens ou valores para guardá-los e conservá-los e que se nega a restituí-los ante mandado judicial.

DEPRECIAÇÃO – É o desgaste sofrido pelos valores de uso patrimonial. Difere da amortização, que registra a diminuição dos valores imateriais, perecíveis pelo tempo decorrido. São depreciáveis: máquinas, móveis e utensílios, veículos, imóveis, etc.

DERRELIÇÃO – Abandono voluntário de coisa móvel, com a intenção de não mais a ter para si.

DERRELITO – Diz-se do abandono da coisa. O titular perde pela derrelição a propriedade da coisa (Código Civil, 1.275, III).

DESÁGIO – Diferença entre o valor nominal e o valor real de um bem. Oscilação para menor verificada no valor de um bem em face de perda de expressão.

DESAJUSTAR – Descontratar, romper pacto ou convenção; desfazer ajuste ou contrato feito com outrem (Código Civil, arts. 472 e 473).

DESAPOSSAR – Retirar a posse de alguém sobre uma coisa ou sobre um bem, seja legalmente, seja clandestinamente.

DESCENDÊNCIA – Indica os parentes que procedem ou provêm de um tronco comum em linha reta, de um pai comum, até o infinito, como filhos, netos, bisnetos, trinetos, tetranetos até os mais afastados.

DESCENDENTE – Todo parentes que provém de um progenitor comum em linha reta. Aquele que descende de outro. Por exemplo: filho, neto, etc.

DESEMPOSSAR – É o ato de despojar alguém da posse, de esbulhar.

DESFAZIMENTO – É o ato de desfazer. Largamente utilizado no direito, significa, via de regra, desconstituição de um ato jurídico.

DESFRUTAR – Na terminologia jurídica corresponde a usufruir, colher as vantagens dadas por um direito.

DESGRAVAR – Livrar dos vínculos ou gravames, desobrigar.

DESIPOTECAR – Liberar um imóvel da hipoteca, mediante o pagamento do débito.

DESONERAR – Tirar o ônus, o gravame. Fazer cessar um dever ou uma obrigação.

DESOPÇÃO – É o contrário de opção, isto é, o ato pelo qual alguém desiste da opção. Há casos em que, feita a opção, ela é irrevogável.

DESPEJO – Meio hábil para o locador de um prédio obter a sua restituição, quando se recuse o locatário injustamente a restituí-lo. Direito que se confere não somente ao proprietário como também àquele que tenha transferido a outrem o uso e gozo do imóvel tanto rural como urbano cuja restituição quer exigir.

DESPOJO – Significa espólio, acervo de bens deixado por alguém depois de falecido.

DESTINATÁRIO – É a pessoa para a qual se remete alguma coisa.

DEVEDOR SOLIDÁRIO – Aquele que é obrigado juntamente com outro ou outros ao cumprimento de uma mesma prestação, de modo que ambos ou todos ficam em conjunto obrigados pelo todo (Código Civil, arts. 275 a 285).

DE *VISU ET AUDITU* – Locução latina empregada na tecnologia forense para indicar aquele que viu e ouviu. Assim a testemunha de *visu et auditu* é a que presenciou o fato e ouviu. É a testemunha ocular e auricular.

DIA A DIA – Diz-se do prazo contínuo. Os que são contados sucessivamente, sem interrupção por dia feriado ou período de férias.

DIA CERTO – O mesmo que data certa. É aquele fixado ao dia determinado no mês e ano. Assim é a obrigação que deve ser adimplida no dia previamente fixado.

DIREITO ADQUIRIDO – É o que já se incorporou definitivamente ao patrimônio e à personalidade do seu titular, de modo que nem a lei nem um fato posterior pode alterar tal situação jurídica, pois há direito concreto, ou seja, subjetivo, e não direito potencial ou abstrato. Consiste, portanto, na possibilidade de extrair efeitos de um ato contrário ao previsto pela lei vigente, ou seja, de continuar a gozar dos efeitos de uma norma pretérita mesmo depois de já ter sido ela revogada.

DIRIMIR – Extinguir, fazer cessar, decidir, resolver.

DISSENSO – Discordância sobre um ou mais pontos que não constituem a essência do contrato, durante a formação deste, isto é, entre a proposta e a aceitação.

DISPOSITIVO – Artigo de lei. Preceito de direito objetivo. Norma jurídica positiva.

DISTRATO – É o acordo entre as partes contratantes, a fim de extinguir o vínculo obrigacional estabelecido pelo contrato.

DÍVIDA – Representa as obrigações de caráter financeiro de uma empresa, decorrentes de bens, serviços ou financiamentos a curto e longo prazo.

DOAÇÃO – É o contrato pelo qual uma pessoa (o doador) transfere, por liberalidade, do seu patrimônio, bens ou vantagens para o de outra (o donatário), que os aceita (Código Civil, arts. 538 a 564).

DOADOR – Aquele que faz doação.

DOLO – É o artifício ou expediente astucioso, empregado para induzir alguém à pratica de um ato que o prejudica, aproveita ao autor do dolo ou a terceiro.

DOMICÍLIO – Lugar onde a pessoa estabelece sua residência e onde se presume que ela exerce ou pratica, habitualmente, seus atos e negócios jurídicos.

DOMÍNIO – É o direito real que vincula e legalmente submete ao poder absoluto da vontade de uma pessoa a coisa corpórea.

DONATÁRIO – É a pessoa que aceita ou recebe uma coisa em doação.

E

EDITAL – Palavra originária do latim *edictum*, designa a maneira de se levar ao conhecimento do público, um comunicado que pode interessar a uma ou mais pessoas. Este edital deve conter todos os dados necessários ao assunto que deverá ser tratado, assim como, se se tratar de convocação, o dia, hora e lugar em que a pessoa ou pessoas interessadas deverão comparecer.

ÉDITO – Mandado de autoridade ou citação judicial, afixados em lugar público, para que todos tomem conhecimento.

EM PÉ DE – Locução empregada pelos tabeliães e escrivães e que significa "em testemunho da verdade de".

EM TEMPO – Locução empregada sempre que se queira introduzir em uma escritura, contrato, ou ato judicial ainda não encerrado aquilo que deixou de constar no local adequado. Significa aditamento, ainda a constar, ainda em ocasião própria.

EMANCIPAÇÃO – Ato pelo qual o “menor” é dotado de direito, para administrar o que lhe pertence.

EMANCIPADO – Menor libertado do pátrio poder.

EMENTA – Síntese do conteúdo de um contrato, lei, alvará, decreto, etc.

EMITENTE – Pessoa que emite título de crédito a favor de outrem, obrigando-se por seu pagamento.

EMITIR – Pôr em circulação pública notas de bancos, moedas, quaisquer títulos de valor ou títulos de crédito (notas promissórias, letra de câmbio, duplicata mercantil, cheque).

EMPREITA (Empreitada) – Contrato bilateral, comutativo e oneroso, pelo qual o empreiteiro se obriga a executar para outrem determinada obra (Código Civil, arts. 610 a 626).

EMPREITADA – O mesmo que empreita.

EMPREITEIRO – O que executa a empreitada.

EMPRESA PÚBLICA – É uma empresa de capital inteiramente público, dedicada a atividades econômicas, tendo, porém, personalidade jurídica de direito privado. Exemplo: CEF, ECT.

EMPRÉSTIMO – É o contrato pelo qual uma das partes entrega uma coisa a outra, para ser devolvida em espécie e gênero (Código Civil, arts. 579 a 592).

ENDOSSAR – É o ato de pôr endosso em, vale dizer, transferir o direito e a ação que se tem sobre um título de crédito ou outro documento à ordem, mediante forma tradicional e simples que se resume na aposição da assinatura do endossante nas costas do título.

ENDOSSO – Maneira legal de se transferir a propriedade de um título de crédito, uma ordem ou um efeito comercial, devendo ser assinado no verso, com ou sem cláusula "a ordem".

ENFITEUSE (aforamento ou aprazamento) – Dá-se a enfiteuse quando, por ato, entre vivos ou de última vontade, o proprietário atribui a outrem o domínio útil do imóvel, pagando a pessoa que o adquire, e assim se constitui enfiteuta, ao senhorio direto uma pensão, ou foro anual, certo e invariável (Código Civil revogado, art. 678); o atual Código civil não contempla este instituto.

EQUIDADE – Terminologia jurídica que designa julgamento imparcial, respeitando os direitos do indivíduo e dando-lhe situação de igualdade.

ERÁRIO – Na antiguidade significada os edifícios onde se guardava o dinheiro público. Atualmente designa a Fazenda Nacional ou Tesouro Nacional.

ERGA TERTIUS – Expressão latina correspondente ao vernáculo "contra terceiros". Diz-se do efeito do ato ou do contrato para com terceiros alheios à relação jurídica entabulada. Assim, para valer contra terceiros, um documento tem de ser registrado (Código Civil, art. 221).

ESBULHAR – Praticar o esbulho, isto é, desapossar uma pessoa daquilo que lhe pertence ou de que tem a posse justa, por meio de ato violento.

ERRO – É a falsa ideia de realidade capaz de conduzir o declarante a manifestar sua vontade de maneira diversa da que manifestaria se porventura melhor a conhecesse.

ESCAMBO (ou troca) – É o contrato mercantil pelo qual se operam, ao mesmo tempo, duas verdadeiras vendas, servindo as coisas trocadas de preço e compensação recíproca (Código Civil, art. 533).

ESCRITURA – É o documento extraoficial, exarado por oficial público, ou com a sua intervenção, nos casos dispostos em lei e com finalidades várias. A escritura é um instrumento em que os contraentes manifestam expressamente a coincidência de vontades e fixam a forma por que devem ser cumpridas as obrigações convencionadas. Podem ser públicas e privadas ou particulares.

ESCRITURA PÚBLICA – É a feita por oficial público, achando-se revestida de todas as solenidades prescritas em lei.

ESCRITURA PRIVADA OU PARTICULAR – É a escritura feita e assinada ou somente assinada sem a intervenção do oficial público, testemunhada por duas pessoas, no mínimo.

ESPECULAR – Realizar empreendimento com o intuito de auferir lucros, acima do normal, sujeito a riscos superiores aos dos negócios comuns.

ESPÓLIO – Conjunto de bens deixados pelo *de cujus*. É uma simples massa patrimonial deixada pelo autor da herança, podendo compreender bens móveis, imóveis e semoventes, dinheiro, joias, títulos em geral, dívidas ativas, direitos e ações. O espólio não é pessoa jurídica; não é pessoa física e não tem, consequentemente, personalidade.

ESTATUTO – Conjunto de prescrições certas e estáveis que têm por objetivo assegurar de forma positiva os direitos e deveres dos empregados. Conjunto de regras que fixam o regime jurídico especial dos empregados públicos, determinam seus direitos e deveres e outorgam as garantias de sua situação no cargo público. Em sentido geral, estatuto é lei, código ou regulamento de um estado. Exemplo: Estatuto civil, estatuto da mulher casada, estatuto penal, estatuto das sociedades anônimas, etc.

ESTOQUE – Representa a quantidade de bens de consumo ou venda que se encontra à disposição da empresa em seu armazém ou depósito, cujo valor figura como capital realizável ou circulante do patrimônio.

ESTREMAR – Ato de demarcar, dividir ou separar uma coisa de outra por meio de estremas ou marcos divisórios.

EVENTO – Acontecimento, sucesso, eventualidade. Contingência. Acontecimento incerto.

EVICÇÃO – É a perda parcial ou total de uma coisa, mediante sentença que a atribua a um terceiro, em virtude de direito anterior ao contrato.

EX EMPTO – Locução latina cuja tradução é "segundo o contrato de compra e venda".

EX LEGE – Locução latina cujo significado é "segundo a lei", "em conformidade com a lei".

EX LOCATO – Locução que se usa para definir relação locativa, existente entre locador e locatário, por força do contrato.

EX NUNC – Expressão latina que significa "a obrigação contraída por contrato", não atingindo a situação anterior.

EX MANDATO – Expressão latina que significa "por mandato", "em razão do mandato".

EX OFFICIO – Por ofício do juiz, de forma oficial.

EX PACTIONE – Locução latina que significa "a obrigação contraída por contrato".

EX PRAEDICTO – Locução latina que significa "conforme o ajustado" ou " combinado".

EX RADICE – Expressão que quer dizer "pela raiz", isto é, inteiramente, radicalmente. Emprega-se, via de regra, para indicar casos de nulidades "absolutas" (Código Civil, arts. 166 e 167) nos quais se exige o completo desfazimento do contrato, do negócio ou do ato jurídico em que se manifestou (art. 165). Exemplo: contrato anulado *ex radice*.

EX TUNC – Locução latina que significa "desde então". Indica que o ato tem efeito retroativo, atingindo situação anterior. Por oposição a *ex nunc*.

EX VI – Locução latina que significa "por força da lei", em decorrência do que prescreve a lei.

EX VI CONTRACTUS – Locução latina que significa "por força do contrato", no cumprimento do estipulado no contrato.

EX VOLUNTATE – Locução latina que significa, literalmente, "o que provém da vontade", de acordo com a vontade.

EX VOTO – Expressão que significa "segundo a promessa ou o prometido"; no sentido de juramento solene, firma definitivamente um negócio jurídico.

EXCUTIR – Executar judicialmente os bens de (um devedor principal).

EXECUÇÃO – Cumprimento de sentença judicial transitada em julgado.

EXPROPRIAR – Desapossar alguém de sua propriedade, mediante processo movido pelo Estado.

F

FACTORING – Contrato pelo qual um comerciante ou industrial cede, total ou parcialmente, a uma instituição financeira créditos de vendas feitas a terceiros, em troca do pagamento de certa comissão, assumindo a instituição o risco do não-recebimento dos créditos.

FAVORECIDO – Aquela pessoa em favor da qual é emitida uma ordem de pagamento, beneficiário.

FÉ PÚBLICA – É afirmação de que o ato praticado foi feito perante o tabelião e as testemunhas, com as solenidades de estilo e as precauções legais.

FEITO – designação genérica de vários significados, como processo, procedimento, causa, demanda, lide.

FIADOR – É a pessoa que se obriga por outra, perante o credor desta, a satisfazer a obrigação assumida, caso o devedor não a cumpra (Código Civil, arts. 818 a 839).

FIANÇA – Garantia pela qual alguém se obriga a efetuar o pagamento de um débito de terceiro, na hipótese de este não honrar o compromisso assumido.

FINANCIAMENTO – Representa o fornecimento de fundos monetários que as empresas dão ou recebem para ampliação do campo operacional, reforço ou manutenção do capital de giro.

FIRMA COMERCIAL – Designação adotada por uma casa comercial e em torno da qual giram todas as obrigações.

FORÇA MAIOR – Fato previsto ou previsível, mas igualmente superior às forças humanas. Causa legal de exoneração de responsabilidade.

FORO – Prédio onde se ministra a justiça, sede do juízo. Foro também significa pensão anual, certa e invariável, que o enfiteuta paga ao senhorio direto do imóvel aforado (Código Civil revogado, art. 678); a atual Lei Civil não mais contempla o instituto da enfiteuse.

FOTOCÓPIA (fotostática) – É a cópia obtida por processo fotográfico especial. Reprodução fiel de documentos.

FRAUDE – Toda manobra empregada para enganar um terceiro e causar-lhe prejuízo; subterfúgio para alcançar um fim ilícito ou, ainda, o engano dolosamente provocado, o malicioso induzimento em erro ou aproveitamento de preexistente erro alheio, para o fim de injusta locupletação.

FRAUDE À EXECUÇÃO – Alienação ou oneração de bens, por parte do devedor, quando contra ele já existia demanda capaz de reduzi-lo à insolvência (arts. 592, V, e 593 do CPC).

FRAUDE CONTRA CREDORES – Ocorre quando o devedor insolvente, ou na iminência de o ser, desfalca seu patrimônio, onerando ou alienando bens (arts. 106 a 113 do, CC).

FRUIÇÃO – É o ato pelo qual são auferidas as vantagens decorrentes da posse, uso, gozo, aproveitamento ou utilização de determinada coisa.

FRUTOS – São os proveitos, vantagens ou utilidades, produzidos periodicamente pela coisa frugífera. Segundo a nossa lei civil, os frutos entram na classe das coisas acessórias (Código Civil, art. 1.232).

FUMUS BONI JURIS – "Fumaça do bom direito"; pretensão razoável, com probabilidade de êxito em juízo; um dos requisitos da ação cautelar e da tutela antecipada.

FUNDAÇÃO – É a pessoa jurídica composta por um patrimônio juridicamente personalizado, destacado pelo seu fundador, para uma finalidade específica. Não tem proprietário, nem titular, nem sócios ou acionistas. Consiste apenas num patrimônio destinado a um fim, dirigido por administradores ou curadores, na conformidade de seus estatutos. Na área pública, a fundação é criada por lei, ou por escritura pública, desde que autorizada por lei. Exemplo: FUNAI – Fundação Nacional do Índio.

FUNDO – Representa os valores monetários e efetivamente depositados para cumprir um determinado objetivo.

FUSÃO DE SOCIEDADES – Quando duas ou mais sociedades se dissolvem para a formação de uma única, da mesma ou diversa forma e objeto.

G

GARANTE – Pessoa que dá fiança, caução, ou qualquer garantia.

GARANTIA – No campo patrimonial administrativo, garantias são comparações, efetividade e segurança de elementos ativos do patrimônio, ou valor sucedâneo favorável ao credor. Espécie de fiança, garantia ou abono.

GASTO – Tem o mesmo significado de custo ou despesa. É a quantia monetária empregada para que se consiga produzir um bem ou atingir uma finalidade qualquer.

GESTÃO – Gerência. Administração do patrimônio de uma pessoa natural ou jurídica de direito público ou privado. O conjunto dos atos da administração patrimonial.

GESTÃO DE NEGÓCIO – É a administração oficiosa e voluntária de negócio alheio, feita sem procuração ou mandato.

GESTOR – Também chamada Administrador é a pessoa de confiança do proprietário ou titular do patrimônio, executando ordens emanadas deste e em determinadas circunstâncias, com autorização de tomar iniciativas próprias.

GESTOR DE NEGÓCIO – Aquele que, sem ser mandado e sem possuir autorização do interessado, intervém na gestão de negócio alheio, por ato voluntário e com o fim altruístico de amparar os interesses daquele, ficando responsável perante ele e as pessoas com quem tratar (Código Civil, art. 665).

GLEBA – Porção de terras destinadas geralmente à agricultura. Terreno. Solo cultivável. Toda porção de terreno, sem qualquer determinação de medida, que se constitui em imóvel rural.

GLOSA – Eliminação ou cancelamento de uma verba. Supressão total ou parcial da averbação de um escrito ou conta.

GORJETA – Gratificação ou bonificação por alguns serviços prestados.

GOZAR – Termo utilizado em direito. Sinônimo de: tirar proveito, desfrutar, usufruir.

GRAVADO – Diz-se da coisa sujeita a ônus ou encargo, por força imperativa de lei ou por disposição testamentária ou contratual. Exemplos: imóvel gravado com hipoteca legal, com cláusula testamentária de inalienabilidade, com hipoteca contratual, etc.

GRAVAME – Ônus ou encargo a que está submetida determinada coisa. Representa o encargo que recai sobre um bem patrimonial, onerando o seu custo. Exemplos: anticrese, penhor, hipoteca, inalienabilidade, incomunicabilidade, etc.

GRAVAR – Impor gravame, onerar, sujeitar a encargos, hipotecar.

GRAVIS TESTIS – Diz-se da testemunha digna de fé.

GRILO – Na gíria dos negócios imobiliários, entende-se por "grilo" o terreno cujo título de propriedade é falso.

H

HABEAS CORPUS – Ação para garantir a liberdade de locomoção (liberdade de ir e vir), de modo a reprimir ou impedir prisão ou constrangimento ilegal (art. 5º, LXXII, da CF).

HABEAS DATA – Ação que garante ao interessado o acesso a informações sobre sua pessoa, constantes de registros ou bancos de dados de entidades governamentais ou de caráter público, bem como a retificação desses dados (art. 5º, LXXII, da CF).

HÁBIL – Qualidade jurídica que se atribui à pessoa, para que possa adquirir direitos ou contrair obrigações. Que tem capacidade jurídica para intervir, pessoalmente, em todos ou em alguns atos ou contrato. Neste sentido é o mesmo que legitimação.

HABILITAÇÃO – É o ato de alguém se tornar hábil ou capaz de realizar alguma coisa.

HABITE-SE – É o ato administrativo emanado pela autoridade competente, autorizando o início da utilização definitiva de construções ou edificações destinadas à habitação, mediante vistoria da regularidade, após a conclusão das obras.

HASTA – Significa venda ou praça.

HASTA PÚBLICA – Expressão genérica que abrange tanto a praça (para bens imóveis) como o leilão (para bens móveis). Para alguns, significa licitação com lance nunca inferior ao da avaliação.

HAVERES – Significa os bens, riquezas, posses, faculdades que compõem o patrimônio das pessoas.

HERANÇA – O patrimônio da pessoa falecida.

HERDEIRO – Aquele que adquire direito de propriedade total ou parcial sobre bens, valores e créditos (que constituem a herança) com a obrigação de saldar os dívidas do *de cujus* até o limite do valor dos bens herdados.

HERDEIRO NECESSÁRIO – Cônjuge, descendentes ou ascendentes sobreviventes como credores preferenciais na herança, conforme disposição do Código Civil.

HIC ET NUNC – Expressão latina cuja tradução literal é "aqui e agora", e cujo significado preciso é imediatamente, sem demora.

HIPOTECA – É um direito real, que recai sobre imóvel, navio ou aeronave, alheio, para garantir qualquer obrigação de ordem econômica, sem transferência da posse do bem gravado para o credor.

HIPOTECAR – É o ato de "vincular um bem, de ordinário imóvel, com o fito de prestar garantia ao pagamento de uma obrigação, assumida pelo proprietário, sem, todavia, despojar aquele da respectiva posse".

HIPOTECÁRIO – Representa o débito ou o crédito de um financiamento garantido por um bem que fica vinculado ao integral cumprimento da obrigação assumida pelo devedor.

HOMOLOGAÇÃO – Ato aprovatório e de confirmação, obtido através de sentença judicial. Ação de homologar.

HOMOLOGAR – Ratificar, confirmar ou aprovar determinado ato, por decisão de autoridade judicial ou administrativa, para que este se invista de força executória e tenha validade legal.

HONORÁRIOS – Remuneração, estipêndio e pagamento, por serviços prestados em cargos efetivos, facultativos ou honoríficos.

I

ILEGITIMIDADE DA PARTE – É a parte que se apresenta em juízo para pleitear direito de que não dispõe, ou seja, direito alheio; ausência de aptidão ou competência para estar em juízo, pleiteando algo em seu próprio nome ou como representante de alguém.

ILÍCITO CIVIL – Ação ou omissão voluntária contrária à lei, que atinge direito subjetivo individual, causando dano patrimonial ou moral a outra pessoa, gerando a obrigação de indenizar a vítima pelo prejuízo sofrido.

ILÍCITO PENAL – Ofensa à sociedade, colocando em jogo o interesse público; mesmo sem a concretização do dano, o autor está sujeito a uma penalidade.

IMISSÃO – Ato de fazer entrar.

IMISSÃO NA POSSE (ou imissão de posse) – Ato ou efeito de entrar na posse de alguma coisa ou de algum direito.

IMOBILIÁRIO – Relativo a imóvel. Diz-se dos bens imóveis por natureza ou assim considerados pela lei.

IMÓVEL – Bem que não se mexe, fincado à terra ou a própria terra.

IMPEDIMENTO – Motivo legal pelo qual o juiz, o advogado, o perito estão proibidos de atuar em determinado processo ou causa; oposição legal, moral ou física que venha a tolher a execução de um ato.

IMPETRANTE – Aquele que pede uma providência judicial, sendo mais comum designar com esse nome aquele que impetra *habeas corpus* ou mandado de segurança; requerente; suplicante; impetrado é aquele contra quem se impetra o mandado de segurança ou o *habeas corpus*.

IMPETRAR – Interpor recurso; requerer perante autoridade competente *habeas corpus* ou mandado de segurança.

IMPORTAÇÃO – Entrada de mercadoria estrangeira em um país.

IMPOSTO – É uma prestação de valor pecuniário, exigida dos indivíduos segundo regras fixas, em vista de cobrir despesas de interesse geral cobrada pelo único fato de que, quem o deve pagar, pertence à comunidade política organizada.

IMPUGNAR – Contestar, contrariar, refutar.

IN ACTU – Locução latina que significa no ato; no mesmo momento.

IN ALBIS – Locução latina que significa "em branco".

IN DUBIO PRO REO – Em dúvida, a favor do réu.

IN FIDEM CAPERE – Expressão latina que significa "tomar sob a sua guarda".

IN FINE – Expressão latina que significa "no fim", "no final".

IN FRAUDEM LEGIS – Em fraude da lei.

IN PARI CAUSA – Em caso semelhante, em idênticas circunstâncias.

IN PARI MATERIA – Em matéria idêntica.

IN RE – Locução latim que significa “na coisa".

IN SOLIDUM – Locução latina que significa "solidariamente".

IN SPECIE – Locução latina empregada com o sentido de "em particular". A expressão "pagamento *in specie*" contrapõe-se a pagamento em dinheiro, para significar que o pagamento foi efetuado com objetos, coisas, mercadorias.

IN TEMPORE – Locução latina que se traduz por "em tempo oportuno".

IN TOTUM – Locução latina que significa que a coisa é vista como um todo, pela sua totalidade.

IN VERBIS – Locução latina que significa “nestes termos”, “nestas palavras”.

INADIMPLEMENTO – Não cumprimento parcial ou total de um contrato.

INADIMPLENTE – Diz-se do devedor, contratante ou estipulante que não cumpriu, em absoluto, a obrigação que o vinculava, por força de contrato, convenção, etc., dentro do prazo ou nas condições estabelecidas.

INADIMPLIR – Descumprir. Não cumprir um contrato ou obrigação a que estava vinculado, dentro do prazo convencionado ou nas condições estabelecidas.

INALIENABILIDADE – Significa a completa impossibilidade de um bem passar de um patrimônio a outro, não importando se a título gratuito ou oneroso.

INALIENÁVEL – O que não pode passar ao alheio, ou seja, do patrimônio de uma pessoa ao de outra.

INAUDITA ALTERA PARS – Sem ouvir a outra parte; característica de certos atos judiciais em que não se ouve a outra parte, como nas liminares em geral ou nos embargos de declaração.

INCOMUNICÁVEL – Diz-se do bem que não se comunica, isto é, que não entra na comunhão de bens, em virtude de proibição da lei ou disposição de vontade.

INCONTROVERSO – Fora de dúvida. Que não admite discussão.

INCORPORADOR – É a pessoa física ou jurídica que, sendo proprietária, compromissária ou promissária de um terreno, contrata com terceiro a construção de um edifício composto de unidades autônomas.

INCURSO – Incluído, implicado; que incide ou recai.

INDEFERIR – Despachar contrariamente ao pedido formulado em petição, requerimento, mesmo na forma verbal.

INDENIZAÇÕES – Pagamentos e/ou recebimentos referentes aos danos sofridos pela perda de um direito adquirido.

INQUILINATO – Condição de locatário. Estado daquele que é inquilino. Tudo o que se refere ao contrato de locação. Exemplo: Lei do Inquilinato.

INSCRIÇÃO – Título perpétuo de dívida pública.

INSCRIÇÃO DA HIPOTECA – É a anotação da hipoteca no Registro de Imóveis do lugar do bem, para que possa valer contra terceiros. Também denominada inscrição hipotecária (Código Civil, arts. 1.492 a 1.498).

INSCRIÇÃO DE PENHOR – É a anotação do instrumento pignoratício para que possa valer contra terceiros. O penhor comum é inscrito no Registro de Títulos e Documentos.

INSCRITO – Quer dizer anotado, arrolado. Exemplo: Inscrito no Registro de Imóveis.

INSOLVÊNCIA – Estado representado pela incapacidade patrimonial de pagar seus compromissos.

INSTITO – Pessoa nomeada para administrar ou dirigir um negócio pertencente a terceiros.

INSTITUTO – Vocábulo originário do latim *institutum,* significando Estatutos.

INSTRUMENTO – Do latim *instrudere,* significando o que resulta de um exame, uma investigação ou uma verificação. Documento ou ato escrito, de forma apropriada, em que se registra um ato jurídico, com o fim de torná-lo concreto, autêntico, provável e oponível a terceiro. Pode ser por instrumento público ou privado.

INTERESSADO – Aquele que tem parte nos interesses de uma empresa.

INTERESSE – Ganho. Utilidade. Lucro. Proveito.

INTERMEDIÁRIO – Pessoa que se encarrega por conta de outrem, a realizar negócios.

INTERPELAR – Ato pelo qual uma pessoa se dirige, formal e categoricamente, a outra, exigindo explicações ou o cumprimento de uma obrigação.

INTERPOSTA PERSONA (testa de ferro) – Locução latina que se traduz por interposta pessoa. Aquele que comparece ao ato jurídico em nome próprio, mas no interesse de outrem, que deseja permanecer oculto (Código Civil, arts. 167, 956). Usa-se normalmente "interposta pessoa".

INTERRUPÇÃO DOS PRAZOS – Ato ou efeito de interromper. Na interrupção de prazo, o tempo anterior não se soma ao posterior, devendo-se proceder a uma nova contagem.

INTERVENÇÃO DE TERCEIRO – Ingresso de terceiro no processo, para auxiliar ou excluir as partes; são formas de intervenção de terceiros a oposição, a nomeação à autoria, a denunciação da lide, o chamamento ao processo e a assistência.

INTIMAÇÃO – Notificação da autoridade judicial ou administrativa, comunicando ao incluso ou contribuinte, a comparecer em juízo ou a prestar esclarecimentos.

INTRA LEGEM – Locução latina que significa “estar dentro da lei”, “estar previsto na lei”.

INTRA TEMPORA – Se diz quando se está dentro do prazo legal.

INTRANSMISSÍVEL – O direito que não pode ser alienado, seja por alienação onerosa ou gratuita.

INTUITU PERSONAE – Locução latina que quer dizer "em consideração à pessoa". Diz-se do ato jurídico feito em razão de determinada pessoa. Por exemplo.: Serviços especializados, com pessoa referida, especializada, certa.

INVENTARIANTE – Aquele que é designado para fazer o levantamento da herança.

INVENTÁRIO – Representa a descrição e respectiva avaliação dos bens móveis e imóveis, títulos, papeis de dívidas ativas ou passivas de um patrimônio.

IRRETRATÁVEL – Que não pode ser revogado ou desfeito por ato posterior.

IRREVOGÁVEL – Que não se pode desfazer; que não permite modificação.

ISS – (Imposto sobre Serviços) Imposto municipal sobre serviços de qualquer natureza.

J

JUNTADA – Ato cartorário de anexar nos autos de um processo uma petição ou documento.

JURISDIÇÃO – Função do Estado, exercida pelos juízes, dentro de um processo, para solucionar um litígio entre as partes; autoridade para dizer o direito.

JURISDIÇÃO CONTENCIOSA – É a jurisdição própria ou verdadeira, referindo-se à atividade do juiz na composição de litígios entre as partes.

JURISDIÇÃO VOLUNTÁRIA – Trata de certos negócios ou atos jurídicos submetidos ao controle do juiz, como a abertura de testamentos ou a venda de bens de menores.

JURISPRUDÊNCIA – Conjunto de decisões de juízes ou tribunais sobre uma dada matéria.

JUROS – É o ganho, lucro ou renda proporcionada pelo capital mutuado ou depositado em bancos e estabelecimentos conexos, ou ainda aquele que é objeto de dívida.

JUS DOMINI – O direito de domínio ou de propriedade.

JUS FACIENDI – Direito de ter servidão sobre um imóvel.

JUS FRUENDI – Direito de gozar. Um dos atributos do domínio: o direito de gozar da coisa de que se é proprietário.

JUS HABENDI – O direito de possuir.

JUS IN RE – Direito sobre a coisa.

JUS IN RE ALIENA – Direito sobre coisa alheia.

JUS IN RE PROPRIA – Direito sobre coisa própria. É o direito de propriedade pleno.

JUS POENITENDI – Direito de arrepender-se no compromisso de Compra e Venda.

JUS POSSESSIONIS – O direito de posse.

JUS PREFERENDI – Direito de preferir, ou de preferência.

JUS PROPRIETATIS – Direito de propriedade.

JUS REIVINDICANDI – Direito de reivindicar.

JUS RETENTIONIS – Direito de retenção.

JUS SOLI – O direito do solo.

JUS UTENDI – Direito de utilizar.

JUSTITIA – É a vontade constante e perpétua que atribui a cada um, seu direito.

JUSTO TÍTULO – Ato ou fato jurídico hábil para adquirir-se ou transferir-se a propriedade, como sucessão hereditária e a sua transmissão.

K

KNOW-HOW – Expressão de origem inglesa, significando "saber como" e utilizada para designar certo grau de tecnologia e privilégio da mão-de-obra industrial.

KRACH – Palavra alemã, designativa de "derrocada" e empregada sobretudo nas bolsas. Quebra financeira.

L

LACUNA – Falha, omissão, falta.

LANÇAMENTO – Denominação que se dá ao registro de um fato nos livros contábeis, utilizando-se os princípios universais do método das partidas dobradas ou partidas simples.

LATIFÚNDIO – Grande propriedade rural pouco cultivada.

LATO SENSU – Em sentido lato, isto é, em sentido amplo e geral.

LAUDO – Parecer escrito de árbitro ou perito.

LAUDO PERICIAL – Representa o relato do trabalho pericial feito pelo contador, na escrita contábil de uma empresa ou entidade, no qual ele responde aos quesitos formulados por despacho judicial ou por autoridade fiscal.

LAVRAR – Escrever, registrar, exarar um ato judicial.

LEASING – Modalidade de contrato que associa aluguel e venda à prestação por meio de uma técnica especial de financiamento.

LEGADO – O todo ou a parte do patrimônio atribuído a pessoa natural ou jurídica, por meio de testamento.

LEGALIZAR – Tornar legal. Dar força de lei a uma disposição ou um ato. Autenticar. Justificar.

LEGÍTIMA – Cota patrimonial de herdeiro necessário, fixada segundo o Código Civil.

LEGITIMAÇÃO EXTRAORDINÁRIA – Autorização excepcional, dada pela lei, para que alguém pleiteie em nome próprio direito alheio; substituto processual.

LEGITIMIDADE PARA A CAUSA (*LEGITIMATIO AD CAUSAM*) – Ou legitimidade de parte é uma das condições da ação que diz respeito aos titulares do conflito; a legitimidade ativa é representada pela parte (autor) que se julga prejudicada e que busca o seu direito, e a legitimidade passiva é representada pela parte que resiste à pretensão desse autor (réu).

LEI COMPLEMENTAR – Aquela que complementa matéria veiculada na Constituição Federal e possui campo próprio de incidência, exigindo maioria absoluta para sua aprovação.

LEI DELEGADA – Aquela elaborada e editada pelo Presidente da República (delegação *externa corporis*) ou por Comissão do Congresso Nacional, ou das Casas do Congresso Nacional (delegação *interna corporis*), mediante delegação.

LEI ORDINÁRIA – É a lei comum emanada do Poder Legislativo.

LEILÃO JUDICIAL – Venda pública de bens móveis levada a efeito por leiloeiro oficial, como auxiliar do juízo onde tem curso o feito, na execução por quantia certa.

LEX FORI – Lei do foro.

LEX LOCI – Lei do lugar.

LEX LOCI ACTUS – Lei do lugar do ato.

LEX LOCI CONTRACTUS – Lei do lugar onde foi celebrado o contrato.

LEX LOCI SOLUTIONIS – Lei do lugar onde deve ser cumprida a obrigação, ou executado o contrato.

LEX LOCI REI SITAE – Lei do lugar onde está situada a coisa.

LICITAÇÃO – Procedimento adotado pela Administração Pública para contratar obras e serviços, ou para adquirir bens e mercadorias, tornando pública a contratação mediante edital e permitindo que todos os interessados concorram, visando obter o melhor preço e a melhor qualidade.

LIDE – Litígio, processo, pleito judicial.

LIMINAR – Ordem destinada à proteção cautelar de um direito em face da razoável procedência dos fundamentos alegados e da possibilidade de dano irreparável em razão da demora.

LIMITE – Linha real ou imaginária, de demarcação dos territórios de dois ou mais estados.

LIQUIDAÇÃO – Ato ou efeito de liquidar. Operação social procedente ao pagamento das obrigações e a distribuição entre os associados do ativo restante, quando do encerramento das atividades de uma empresa. Apuração ou ajuste de contas.

LIQUIDANTE – Também denominado liquidatário, é a pessoa encarregada da liquidação de um patrimônio, segundo as atribuições que lhe são conferidas em obediência às exigências prescritas no Código Comercial Brasileiro.

LOCAÇÃO – É o contrato pelo qual uma das partes, mediante remuneração que a outra paga, se compromete a fornecer-lhe, durante certo lapso de tempo, o uso e gozo de uma coisa fungível, ou a prestação de um serviço, a execução de algum trabalho determinado.

LOCADOR – É a parte, no contrato de locação, que se obriga a ceder a coisa ou a prestar serviço. Senhorio, arrendante ou arrendador.

LOCATÁRIO – É a pessoa que recebe a coisa locada ou a prestação de serviços. Inquilino, rendeiro, arrendatário.

LOCATIO OPERIS – Locação de obra.

LOCATIO OPERARUM – Locação de serviços. Exemplo: dentista, médico, advogado.

LOCK-OUT – Denominação inglesa de um paralisação parcial ou total de uma atividade setor ou na interrupção no fornecimento de um produto.

LOGOTIPO – A simbolização do nome comercial da empresa ou do produto, geralmente desenhada. Aparece sempre com a mesma cor na assinatura ou fecho de anúncios, folhetos e material publicitário em geral.

LUCRO – Representa o ganho sobre uma especulação, após deduzidas as despesas.

LUVAS – Valor do aviamento (execução que um comerciante faz de pedido de cliente seu; ato de atender ao freguês) que se cobra no ato da venda ou transferência do estabelecimento mercantil ou industrial.

M

MÁ-FÉ – Ânimo doloso de quem age ilicitamente, sabendo que viola os direitos de terceiros e transgride as disposições de lei. O dolo é a manifestação da má-fé (*mala fide*).

MANDADO – Documento que consubstancia ordem escrita do juiz para cumprimento de uma diligência. Ex.: mandado de citação, de penhora, de busca e apreensão, de arresto.

MANDADO DE SEGURANÇA – Ação proposta para assegurar à pessoa um direito líquido e certo, incontestável, que esteja violado ou ameaçado por ato ilegal ou inconstitucional de uma autoridade.

MANDANTE – Aquele que nomeia um terceiro para uso de seus direitos civis. O mesmo que constituinte, outorgante.

MANDATÁRIO – Procurador. Aquele a quem é outorgado um mandato.

MANDATO – É um contrato mediante o qual alguém recebe poderes de outrem para em seu nome praticar atos ou administrar interesses.

MANDATO *AD JUDICIA* – Documento em que se constitui um procurador (advogado regularmente inscrito na Ordem dos Advogados do Brasil) para ser representado em juízo; o outorgante pode especificar os poderes e a finalidade dessa representação.

MANDATO *AD NEGOTIA* – Contrato pelo qual o mandante confere poderes a um mandatário para praticar, em seu nome, certos atos ou negócios. Denomina-se tal contrato de mandato extrajudicial, porque a ação do mandatário ocorrerá fora do âmbito judicial.

MANUS MARITI – Poder do marido.

MATRIZ – É o estabelecimento principal, o centro da atividade jurídica de uma empresa.

MÃO-DE-OBRA – Representa a atividade do homem, aplicada na transformação da matéria-prima, em bens de uso, aplicação, consumo, etc.

MEAÇÃO – Metade daquilo que é possuído em condomínio.

MEDIAÇÃO – É o trabalho de aproximação das partes interessadas em determinado negócio, para que as mesmas se realizem. É sinônimo de corretagem.

MENS LEGIS – Significa "intenção da lei".

MINIFÚNDIO – Imóvel rural que possui área inferior ao módulo da região.

MINUTA – Representa o rascunho de um escrito qualquer, que, depois de revisado, se passa para o definitivo.

MOATRA – Contrato de empréstimo de dinheiro, quando não permitido. Por exemplo, a juros extorsivos.

MODAL – Tudo aquilo em que há modo ou encargo. Assim se diz: contrato modal, doação modal, testamento modal. Diz se também da proposição que contém condição ou restrição: cláusula modal.

MÓDULO RURAL – É uma unidade de medida agrária que implica limitação ao direito de propriedade da terra rural e que corresponde a uma fração mínima de parcelamento.

MODUS – Significa modo. Emprega-se também no sentido de medida. Por exemplo.: *modus agri*, superfície de um campo.

MONOPÓLIO – Consiste em se deixar nas mãos de uma só pessoa ou de um grupo econômico, a exploração de determinado bem de consumo que, pela falta de competidores cobram preços exorbitantes em detrimento do povo.

MONTA – Em direito imobiliário significa preço, custo de certa coisa.

MORA – Demora. É o retardamento na execução de uma obrigação.

MORATÓRIA – Adiantamento concedido pelo credor ao devedor além do dia de vencimento da dívida.

MULTA – Penalidade aplicada aos infratores das leis emanadas do poder público, quer sejam elas comerciais ou fiscais.

MÚNUS – Vocábulo latino que significa encargo, emprego, dever ou função que indivíduo tem de exercer.

MUTATIS MUTANDIS – Locução latina que significa “mudando-se o que deve ser mudado”, “fazendo-se as alterações necessárias”.

MÚTUO – Contrato pelo qual alguém transfere a propriedade da coisa fungível a outrem, que se obriga a lhe pagar coisa do mesmo gênero, qualidade e quantidade.

MUTUANTE – Aquele que dá a coisa, por empréstimo, no contrato de mútuo.

MUTUÁRIO – A parte, no contrato de mútuo, a quem é feito o empréstimo de coisa fungível.

N

NEGOCIANTE – É a pessoa capaz que opera com mercadorias em seu nome e conta própria com a finalidade de obter lucro.

NEGOCIATA – (Negocismo) negociação escusa.

NEGÓCIO – Comércio. Contrato. Ajuste. Trato ou tráfico mercantil.

NOMEAR BENS À PENHORA – Ato da designação de todos os bens ou direitos, ao pagamento executivo e respectivas custas.

NOMINATIVO – Diz-se de todo título, papel de crédito ou ação, em que figura o nome do proprietário ou favorecido.

NOTA PROMISSÓRIA – Promessa de pagamento. Compromisso escrito e solene, pelo qual alguém se obriga a pagar a outrem certa soma em dinheiro.

NOTÁRIO – Tabelião de notas.

NOVAÇÃO – Substituição de uma dívida por outra.

NULIDADE – Ato jurídico que não produz efeito por inconformidade com as leis.

NUMERÁRIO – Meio circulante. Moeda, dinheiro efetivo.

NUTUS SIGNIFICATIO EST VOLUNTATIS – O consentimento é a significação da vontade.

O

ÓBITO – Falecimento. Cessação da vida material de alguém, fato este que determina o fim da existência da pessoa natural.

OBLAÇÃO – É o lançamento da oferta contratual. A parte que faz a oferta é, unicamente, chamada policitante; a parte que recebe a oferta, oblato.

OBLIGATIO FACIENDI – Obrigação de fazer. Obrigação que tem por objeto a prestação de um fato, no sentido de fazer algo, que pode consistir em uma ação ou em uma omissão.

OBRIGAÇÃO – É o direito do credor contra o devedor, e tem por finalidade determinar prestação.

OFERTA – É representada pela quantidade de bens que um vendedor ou um grupo de vendedores têm para oferecer nos mercados consumidores.

OFICIAL DE JUSTIÇA – Servidor da Justiça incumbido de realizar diligências determinadas pelo Juízo, lavrando, ao final, certidão do que foi feito.

OFÍCIO – Profissão. Função. Cargo pessoal.

ÔNUS – Gravame, obrigação, encargo dever pessoal.

ÔNUS DA PROVA – Obrigação daquele que alega os fatos de provar as suas alegações. Logo, o ônus da prova incumbe ao autor, quanto ao fato constitutivo do seu direito; ao acusador, quanto ao crime; e ao réu, quanto à existência do fato impeditivo, modificativo ou extintivo do direito do autor, demonstrando que das afirmações do autor não decorrem os efeitos por ele pretendidos.

OPÇÃO – Em direito imobiliário é um pacto ou contrato que transforma em irrevogável a proposta e confere ao optante a faculdade de constituir definitivamente o contrato por sua exclusiva declaração de vontade. Na linguagem comum é sinônimo de livre escolha. Nas operações imobiliárias é um contrato que autoriza a venda de um bem imóvel em determinadas condições.

OPE JURIS – Expressão latina que significa "por força do direito".

OPERAÇÃO – Realização de um negócio ou de um trabalho.

OUTORGA – Consentimento. Aprovação. Ato de conferir mandato.

OUTORGADO – Pessoa que recebeu de outrem anuência para realização de um ato, cuja validade depende desse consentimento.

OUTORGANTE – É o mandante. Pessoa que deu a outrem permissão para a prática de um ato. Significa também a parte que transfere ou aliena um bem a outrem.

P

PACTO – Qualquer contrato, convenção, ajuste.

PACTA SUNT SERVANDA – Locução latina que significa que os pactos hão de se cumprir (v. cláusula *rebus sic stantibus*).

PACTO ADICIONAL – É a cláusula que se agrega ao contrato definitivo para modificá-lo, aclará-lo ou anulá-lo no todo ou em parte.

PACTO ADJETO – Cláusula especial inserta em um contrato principal, mudando-lhe a fisionomia e submetendo-o a regras particulares. No contrato de compra e venda podem aparecer os seguintes pactos adjetos: retrovenda; pacto de melhor comprador; pacto comissório, etc.

PACTO COMISSÓRIO – É a cláusula contratual que, não sendo cumprida a tempo, rescinde o contrato, sujeitando o inadimplente à pena convencionada. Pode ser expressa ou não.

PACTO CONSTITUTI – É o acordo firmado entre a pessoa que aliena um bem e a pessoa que o adquire, em virtude da qual a primeira permanece na posse direta da coisa, mas não sob o título de proprietário. Exemplo: locatário, após ter vendido o imóvel.

PACTO DE *CONTRAHENDO* – É o acordo pelo qual as partes se obrigam a celebrar contrato futuro.

PACTO DE MELHOR COMPRADOR – Trata-se de pacto adjeto ao contrato de compra e venda, no qual se estabelece que a venda está resolvida se, em determinado prazo, aparecer quem ofereça melhor vantagem (Código Civil revogado, art. 1.158); o atual Código Civil não contempla o pacto de melhor comprador.

PACTO DE *NON ALIENANDO* – Cláusula agregada ao contrato de compra e venda em virtude do qual o adquirente fica obrigado a não vender a coisa de modo absoluto, parcialmente ou a determinada pessoa.

PACTO DE *NON CEDENDO* – Pacto pelo qual se proíbe a cessão do direito ou do crédito.

PACTO DE *NON PETENDO* – Pacto de não promover judicialmente a execução da dívida.

PACTO DE *NON PRAESTANDA EVICTIONE* – Pacto que se desobriga da responsabilidade pela evicção, salvo em caso de dolo.

PACTO DE PREEMPÇÃO OU PREFERÊNCIA – Pacto que obriga a oferecer ao vendedor a coisa adquirida, para que este exerça o seu direito de prelação em igualdade de condições, quando quiser vendê-la ou dá-la em pagamento.

PACTO DE QUOTA *LITIS* – É a cláusula adjeta ao contrato de honorários advocatícios pela qual o cliente obriga-se a dar em pagamento a seu advogado, a título de honorários, uma cota-parte do objeto do litígio, associando-se, destarte, cliente e advogado. A matéria é controvertida.

PACTO DE RESERVA DE DOMÍNIO – É o pacto adjeto à compra e venda, mediante o qual o vendedor reserva para si a propriedade da coisa, que o comprador só adquire com o integral pagamento do preço, embora possa investir-se em sua posse desde o momento da celebração do contrato.

PACTO DE RETRATO – É o mesmo que pacto de retrovenda.

PACTO DE RETROVENDA – É o pacto adjeto ao contrato de compra e venda pelo qual o vendedor se reserva o direito de, no decurso de certo prazo, reaver o bem imóvel que vendeu, restituindo o preço mais as despesas feitas pelo comprador (Código Civil, arts. 505 a 508).

PACTO PROMISSÓRIO DE VENDA – É pré-contrato bilateral cuja finalidade é gerar, para ambas as partes, a obrigação de contrair um contrato definitivo de compra e venda.

PACTUAR – Efetuar um pacto; ajustar; convencionar; contratar.

PAGAMENTO *PORTABLE* – É o cumprimento de uma obrigação efetuado pelo devedor no domicílio do credor.

PAGAMENTO *QUÉRABLE* – É o pagamento que deve ser efetuado no domicílio do devedor, não havendo convenção das partes diversamente, ou se o contrário não impuserem as circunstâncias, a natureza da obrigação, ou a lei.

PARECER – Opinião escrita ou verbal de um profissional sobre assuntos técnicos, administrativos, legais, etc.

PASSIVO – Representa a parte negativa do patrimônio, onde se alojam as obrigações divididas em capital próprio e capital de terceiros.

PENHOR – No campo contratual, é a convenção pela qual um devedor, ou um terceiro, entrega ao credor uma coisa móvel, com o fim de sujeitá-la, por um vínculo real, ao pagamento de uma dívida.

PENHORA – Apreensão dos bens do devedor suficientes para garantir a execução.

PENHORA NO ROSTO DOS AUTOS – registro feito na capa dos autos (rosto dos autos).

PENITUS EXTRANEI – Locução latina que expressa a máxima de que estranhos não podem opor-se a atos ou contratos a que são terceiros.

PER CAPITA – Expressão latina que quer dizer "por cabeça", "por pessoa".

PER CONTRA – Em oposição a, contrariamente.

PER OBITUM – Expressão latina que significa "por morte".

PER TEMPUS – Significa "a tempo", "em tempo".

PERMUTA (Escambo) – Troca.

PEREMPÇÃO – Esse vocábulo é entendido literalmente como extinção, perecimento; aplicado ao Direito, ele tem sentido próprio embora resulte na "extinção" de um direito. Quando o autor, ou o réu, deixa de exercer, no processo, um ato que tem direito dentro de um prazo determinado, perde o direito de fazê-lo. Tratando-se do autor, se este ato for essencial para o prosseguimento da ação e ele não praticá-lo após intimado três vezes, o processo será extinto.

PERICULUM IN MORA – Perigo na demora; possibilidade de concessão de liminar por existir um fato que possa ocasionar dano irreparável se houver demora em providência que venha a impedi-lo.

PEREMPTO – Extinto após o decurso de um prazo legal.

PERITO – Pessoa especializada e habilitada profissionalmente para proceder às perícias.

PERMUTA – O mesmo que troca ou escambo.

PERSONALIDADE CIVIL – Aptidão legal de exercitar direitos e contrair obrigações; decorre do nascimento com vida, mas os direitos do nascituro são resguardados desde a concepção.

PERSONALIDADE JURÍDICA – Decorre do registro na repartição competente dos atos constitutivos de empresas e instituições, as quais, porque reconhecidas juridicamente, passam a ter direitos e deveres próprios, não se confundindo com as pessoas naturais que nelas atuam.

PERSONALÍSSIMO – Inerente à própria pessoa e que, portanto, não é passível de transferência a outrem.

PETIÇÃO – Pedido escrito, dirigido a uma autoridade, contendo exposição de fatos, fundamentos jurídicos e pedido final.

PLENO IURE – Pleno direito.

PORTADOR – É o beneficiário ou tomador, titular de um título de crédito.

POSSE – É a relação de fato estabelecida entre a pessoa e a coisa com vistas à sua utilização econômica. Poder físico sobre coisa corpórea.

POST QUAM – Expressão latina que significa que "visto que".

POST TEMPUS – Locução latina que significa "depois do tempo", "fora do prazo".

PRAÇA – Forma de licitação pública para imóveis.

PRÉ-CONTRATO – É a convenção que objetiva garantir a celebração de contrato posterior.

PREÇO – É o *quantum* de dinheiro ou moeda necessário para se adquirir um bem ou um serviço.

PREJUÍZO – Representa o resultado negativo do sistema réditos (lucros). Identifica-se o prejuízo quando as despesas superam as receitas.

PREPOSTO – O mesmo que mandatário.

PRESCRIÇÃO – Perda do prazo para o exercício do direito de ação.

PRIMA FACIE – Expressão jurídica de origem latina, para designar "a primeira vista".

PRO RATA – Locução latina que significa "proporcionalmente", "em proporção".

PRO SOLUTO – Expressão latina que significa "a título de pagamento".

PRO SOLVENDO – Diz-se da cessão de crédito feita para extinguir uma dívida, o que não ocorre de imediato, mas sim na medida em que o crédito cedido for efetivamente cobrado.

PROCESSO – É uma sequência de atos coordenados por meio dos quais o juiz decide a lide; autos em que se materializam os atos processuais.

PROCESSO CAUTELAR – Medida cautelar; procedimento cautelar que visa a concretizar medida urgente, ante o *periculum in mora* e o *fumus boni iuris*, para atender ao direito afirmado pelo autor. Instaurado antes ou no curso do processo principal, visa a assegurar o seu resultado.

PROCESSO DE CONHECIMENTO – É aquele em que a divergência entre autor e réu é apresentada ao órgão judicante para que a conheça e a qualifique juridicamente, prolatando uma sentença sobre o mérito.

PROCESSO DE EXECUÇÃO – Processo pelo qual se pede a efetivação de um direito reconhecido em título executivo judicial ou extrajudicial. Ele é independente do processo de conhecimento.

PROCURAÇÃO – É instrumento do mandato. Pelo mandato o outorgado recebe poderes de alguém para que, em seu nome, pratique atos ou administre interesses.

PROCURADOR – O representante do legítimo interessado. O mesmo que mandatário.

PRODUÇÃO – Tem o mesmo significado da fabricação ou laboração. Expressão utilizada para determinar os meios, métodos ou processos utilizados na transformação da matéria-prima em produto.

PROPRIEDADE – Aquilo sobre o qual uma pessoa tem posse e domínio, tendo o livre direito de dispor a qualquer instante.

PRORROGAÇÃO – Dilatação ou aumento de prazo ou de tempo.

PROTESTO – Forma legal de cobrar um título vencido e não pago.

PROVA – Todo elemento que leva ao conhecimento do juiz os fatos pertinentes à causa.

PROVA EMPRESTADA – Prova produzida num processo e trasladada para outro, mediante certidão ou traslado de peças.

PROVENTO – Lucro. Rédito. Resultado alcançado no desempenho de uma função ou profissão.

PURGA – Paga. Modo pelo qual se promove a extinção de uma obrigação, desonerando-se dela, com o implemento da prestação.

PURGAÇÃO – Pagamento. É a emenda ou penitência de uma obrigação.

PURGAÇÃO DA MORA – Forma espontânea de contratante moroso se prontificar a consertar a situação a que deu causa.

Q

QUALIFICAÇÃO – É o fornecimento de dados concernentes e indispensáveis à própria identidade, para fins legais, como estado civil, profissão, RG, CPF, residência e domicílio, etc.

QUANTUM – Palavra latina que designa valor pecuniário, quantia, soma em dinheiro ou quantidade indeterminada.

QUANTUM SATIS – Locução latina que significa "quanto baste", “suficiente".

QUEBRA – É o mesmo que Falência. Utilizada para designar um estado patrimonial quando o mesmo entra em estado insolvabilidade e deixar de pagar as suas obrigações.

QUESITO – É a questão que deve ser resolvida ou respondida.

QUINHÃO – Porção que cabe a cada pessoa na divisão de uma coisa. Parte da herança que cabe a cada herdeiro.

QUITAÇÃO – Forma pela qual o credor declara ter recebido o pagamento do devedor, liberando-o da obrigação.

QUITAR – Dar quitação, desobrigar.

QUOTA – Quinhão que cabe a cada pessoa na divisão de qualquer coisa. Representa parte ou fração de um todo.

R

RATEIO – É a distribuição de algum valor por partes, proporcionalmente, ou por alíquotas.

RATIFICAÇÃO (Confirmação) – De um modo geral, é todo ato que visa confirmar ato anterior pelo qual se expunge o vício da anulabilidade.

RATIONE CONTRACTUS – Em razão do contrato.

REAL – Em sentido jurídico e contratual significa relativo à coisa (do latim *res*, coisa).

RECEITA – Representa o lado positivo de um sistema de réditos.

RECIBO – Escrito que contém a confissão de que aquele que o subscreve recebeu a quantia devida. O recibo prova a obrigação solvida ou a dívida paga.

RECLAMAÇÃO – É a reivindicação do direito de uma pessoa.

RECONHECIMENTO DE FIRMA – É o ato pelo qual o tabelião certifica que a assinatura é autêntica, dando sua fé pública.

RECONVENÇÃO – É uma ação inversa, incidente à ação principal, que o réu pode mover contra o autor, no mesmo prazo da contestação da primeira ação; é um pedido do réu contra o autor; deve haver conexão com a ação principal ou com o fundamento da defesa.

REDIBIÇÃO – Palavra originária do latim *Redibitio*, que serve para designar uma devolução de mercadorias, feita pelo comprador ao vendedor, por não estarem de acordo com o estipulado no pedido.

RÉDITO – Palavra originária do latim *Reditus*, é utilizada para designar o ato de voltar ou "Rendimentos". Esta palavra rédito vem sendo usada de longa data, por muitos profissionais da contabilidade, para designar um resultado econômico do patrimônio.

REDUÇÃO A TERMO – Tornar escrita manifestação oral, constituindo- se um ato processual.

REDUÇÃO DE CAPITAL – Representa a diminuição que sofre o capital de uma empresa.

REDUÇÃO DE CUSTOS – Representa a diminuição de gastos da produção em relação ao seu custo anterior.

REEMBOLSO – Pagamento. Restituição da importância emprestada.

REGISTRAR – Ato pelo qual, por escrito, são perpetuados os atos e fatos da administração; anotar, marcar, assentar, lançar, etc.

REGRESSO – Direito de que é portador o sacado de uma letra, para haver a sua importância do sacador, endossadores e avalistas.

RELATÓRIOS – Descrição detalhada dos fatos ocorridos em uma escrituração para uma administração, durante uma sindicância, nas perícias, ou em diligências para o desempenho de uma missão específica.

REMANENTE – Tem o mesmo significado de "Remanescente" e representa os restos, sobras ou resíduos da produção. No comércio representa os saldos de estoque, as sobras ou refugos rejeitados pela freguesia. Na indústria serve para identificar os resíduos da produção, considerados como perda normal no cálculo dos custos padrões.

REMÉDIO ADMINISTRATIVO – Medida tomada por uma administração, a fim de sanar alguma irregularidade nas atividades ou na gerência da empresa.

REMÉDIO ECONÔMICO – Representa as deliberações tomadas pela administração de uma empresa, afim de sanar o desequilíbrio econômico do patrimônio.

REMIÇÃO – Resgate da dívida.

REMISSÃO – É a renúncia que faz o credor a seus direitos creditórios.

RENDA – Representa o lado positivo da sistema de créditos. É o excesso de receita sobre os custos gerais. É a remuneração do capital investido em operações de mercancia ou financeiras. É a diferença positiva entre os investimentos e a reintegração de capital.

RENÚNCIA – Ocorre quando o titular de um direito, ou de um bem, desiste voluntariamente dele.

REPRISTINAÇÃO – Ato de tornar eficaz uma lei revogada, por ter a lei revogadora perdido o efeito; deve ser expressa.

RES – Coisa. A coisa de que se trata. Juridicamente falando, é tudo que existe, na natureza, com exceção dos homens.

RES IMMOBILIS, SOLI – Locução latina que significa "coisa imóvel, do solo".

RES NULLIUS – Coisa de ninguém.

RES, PRETIUM, CONSENSUS – São os três requisitos do contrato de Compra e Venda: a coisa, o preço e o acordo entre as partes.

RESCISÃO – Forma indistinta de cessão da relação jurídica contratual, seja pela inexecução voluntária ou involuntária de qualquer dos contratantes, seja em virtude da dissolução por declaração de vontade unilateral ou bilateral das partes. Ato de quebrar a vigência de um contrato em virtude de vício que o torne nulo ou anulável.

RESERVA – Representa parcelas extraídas de lucros líquidos apurados durante um período ou exercício de operações, e que colocadas com tal denominação, servem como complemento do capital próprio de uma empresa.

RESERVATI DOMINI – Locução latina que significa "reserva de domínio".

RESGATE – É a liquidação de obrigação ou dívida, por parte do devedor de um título.

RESIDÊNCIA – Morada habitual ou eventual de uma pessoa, com ou sem o ânimo de aí permanecer. (Não confundir residência com domicílio).

RESILIÊNCIA – Forma de extinção do contrato que é provocada pela atuação da mesma ou das mesmas vontades que constituíram o vínculo. Ela pode manifestar-se unilateral ou bilateral. Bilateral é o mesmo que distrato.

RESOLUÇÃO – Cessação da existência de um contrato perfeito e acabado, por extinção de seu prazo de vigência, ou por ocorrência de eventualidade que torne impossível ou inoperante sua continuação, ou ainda por inadimplemento de cláusula, implicando a perda de seus efeitos.

RETRATABILIDADE – Que pode ser desfeito ou revogado.

REVERSÃO – São os fenômenos patrimoniais que ocorrem quando um valor qualquer volta ao seu estado primitivo ou original.

REVOGAÇÃO – Palavra originária do latim *Revogatio* utilizada para designar o ato ou efeito de anular, desfazer, ou tornar sem efeito alguma ordem, lei ou contrato.

REVOGAR – Tornar uma norma sem efeito, retirando-lhe a capacidade de gerar efeitos.

S

SACADO – É a pessoa contra quem a letra é sacada, tornando-se aceitante, depois que reconhece a ordem e se compromete acerca da obrigação contida nela. É o destinatário do título.

SACADOR – É o credor ou a pessoa que saca ou extrai a ordem de pagamento contra outrem, designada de devedora. É o emitente do título de crédito.

SANÇÃO – Pena imposta para punir o não cumprimento do contrato ou de uma de suas cláusulas.

SEGURO – É um contrato que se realiza entre o segurado e a companhia seguradora, no sentido de amparar prejuízos causados por avaria, naufrágio, incêndio, inundação, assim como acidentes pessoais ou morte. Ao realizar um seguro a Companhia seguradora emite um documento garantidor da operação, denominado apólice, onde estipula o objeto segurado, o valor do seguro, o prazo de garantia e o valor do prêmio. Os segurados obtém por meio do seguro, a garantia de uma reparação material, em casos fortuitos da perda de um bem ou de danos pessoais.

SENHORIO (locador) – Aquele que dá em locação ou em arrendamento imóvel de sua propriedade.

SENTENÇA – Ato pelo qual o juiz põe fim ao processo, decidindo ou não o mérito da causa.

SENTENÇA CONDENATÓRIA – É a que, além de declarar o direito, impõe uma obrigação ao réu, como a condenação ou pagamento de uma indenização.

SENTENÇA CONSTITUTIVA – É a que, além de declarar o direito, cria, modifica ou extingue uma relação jurídica.

SENTENÇA DECLARATÓRIA – É a que decide apenas sobre a autenticidade de documento ou sobre a existência de relação jurídica.

SERVIDÃO – São as restrições que sofre uma propriedade em benefício de alguém pelo uso e gozo sobre a propriedade.

SINDICÂNCIA – Procedimento sumário para obter informações sobre fatos que se pretende apurar, no serviço público, por eventual conduta irregular.

SOLENE – Diz-se do ato ou negócio jurídico que, para sua validade, prescinde de solenidade ou formalidade exigida por lei. Por exemplo: casamento, testamento, etc.

SOLIDARIEDADE – Dá-se a solidariedade quando na mesma obrigação concorre mais de um credor, ou mais de um devedor, cada um com direito, ou obrigado à divida toda.

SOLO CONSENSUS – Locução latina que significa "com o só consentimento". Aquilo que depende unicamente do consentimento.

SOLUTIO INDEBITI – Locução latina que significa "pagamento indevido".

SOLUTO – Termo que significa solvido, extinto, dissolvido ou desfeito.

SOLVÁVEL – É a pessoa física ou jurídica que possui recursos financeiros suficientes para cobrir as suas obrigações.

SOLVE ET REPETE – Locução latina que significa "pague e reclame".

SOLVERE NUMERATO – Locução latina que significa "pagar a dinheiro de contado".

SONEGAR – É o ato de ocultar algum bem ou receita, com a intenção de fraudar o fisco ou burlar as leis.

STATUS QUO – Locução latina que significa “no estado, na situação em que se encontra”.

STRICTO SENSU – Entendimento estrito.

SUB CONDITIONE – Locução latina que significa "sob condição".

SUB JUDICE – Sob julgamento.

SUBADQUIRENTE – Diz-se daquele que adquire bens de outrem que não é o proprietário original.

SUBALUGAR – (Sublocação e Sublocar) – Significa alugar a terceiro, total ou parcialmente, a coisa que se tomou de aluguel ou locação.

SUBORNO – Aliciação, peita, corrupção. Ato de corromper ou oferecer dádivas para obter determinado resultado.

SUB-ROGAR – Colocar-se em lugar de outrem, assumindo os direitos ou encargos.

SUBSTABELECIMENTO – Ato pelo qual o mandatário se faz substituir por terceiro no desempenho do mandato que lhe foi outorgado.

SUBSTABELECER – Transferir para terceiro, total ou parcialmente, os poderes outorgados no mandato, para que se substitua o mandatário.

SUBVENÇÃO – É o auxílio pecuniário.

SUCESSÃO – Ato que investe uma pessoa na posição de outra.

SUCUMBÊNCIA – Ônus que recai sobre a parte vencida numa ação de pagar os honorários de advogado da parte vencedora e as custas ou despesas processuais.

SUI JURIS – Locução latina que indica quem tem capacidade jurídica para praticar, por si, os atos da vida civil.

SÚMULA – Resumo da orientação jurisprudencial de um tribunal para casos análogos.

SUPRIMENTO – Ato ou efeito de fornecer dinheiro ou bem, para atender necessidades momentâneas de um patrimônio.

SUUM CUIQUE TRIBUERE – Expressão latina que significa "dar a cada um o que é seu".

T

TABELIÃO – Serventuário da Justiça que se incumbe de lavrar os atos, contratos e instrumentos a que as partes devem ou queiram dar forma legal ou autenticidade. Tabelião de notas.

TAXA – Tributo instituído pela União, pelos Estados, pelo Distrito Federal e pelos Municípios e cobrado em razão da utilização de serviço público específico prestado ao contribuinte ou colocado à sua disposição.

TERMO – É o instante ou dia certo a partir do qual deve começar ou no qual deve extinguir a eficácia de um ato jurídico.

TERMOS – Significa o conteúdo de um documento, de um pedido, ou de uma declaração de vontade.

TERRENO *AD MENSURAM* – Diz-se daquele cuja individuação resulta não só do estabelecimento de seus limites e confrontos, mas também da determinação quantitativa de sua área. Por exemplo, lote de 300 m2; uma gleba de 35 alqueires, etc. Opõe-se à expressão, *AD CORPUS* que é aquela que se faz de determinada coisa por um único preço, sem estipular medida, valor ou peso.

TERRENO ENCRAVADO – É o terreno situado no meio de outros terrenos, de propriedades diferentes, não possuindo saída ou passagem para as vias ou os logradouros públicos. O proprietário do terreno encravado tem o direito de reclamar do vizinho passagem para a via de terreno utilizada.

TESTAMENTO – Ato de última vontade, mediante o qual o titular de patrimônio atribui a seus sucessores a parte do patrimônio de que pode livremente dispor.

TESTEMUNHA – Pessoa que assegura a verdade do ato ou fato que se quer provar.

TESTEMUNHO – Prova que se faz por meio de testemunha.

TESTIFICAR – Testemunhar, declarar comprovar, assegurar, afirmar.

TITULAR – Sujeito ativo de um direito ou credor de uma obrigação. Por exemplo, o proprietário, o possuidor, o usuário, o credor, etc.

TÍTULO – A palavra "título" tem uma significação genérica. Na linguagem forense, significa o documento, o instrumento público ou particular que afirma um direito ou uma qualidade.

TOMADOR – Em matéria de títulos de crédito, denomina-se tomador o credor ou beneficiário da obrigação neles contida.

TRADIÇÃO – Significa ato de entregar, de dar, de transmitir, de passar a outro, de transferir, de colocar à disposição de alguém, de ceder.

TRANSAÇÃO – Em contabilidade é o ato de reproduzir em outro livro ou documento, um lançamento contábil, de forma idêntica ao primitivo.

TRANSCRIÇÃO – Significa o registro de um documento no Cartório devido para valer *erga omnes* (contra todos), especialmente no que diz respeito a direitos reais imobiliários.

TRANSITAR EM JULGADO – Esgotar-se o prazo para a interposição de qualquer recurso contra a decisão judicial.

TRASLADO – Cópia rigorosa de uma escritura, geralmente feito por oficial público.

TROCA – (escambo, permuta) – É a transferência recíproca de coisas ou bens entre duas pessoas.

TUTELA – Exercício de autoridade sobre menor, em substituição ao pátrio poder.

TUTELA ANTECIPADA – É aquela que objetiva uma decisão de mérito exequível provisoriamente, antes do cumprimento de todos os trâmites procedimentais, possibilitando a concessão total ou parcial do direito material. Sua eficácia é provisória, podendo ser revogada ou modificada a qualquer tempo.

TUTOR – Pessoa nomeada (com garantias legais) para exercer a tutela.

U

ULTRA PETITA – Além do que foi pedido.

USO – É a utilidade direta e material da coisa. É o direito real temporário que autoriza extrair da coisa alheia as utilidades exigidas pelas necessidades do usuário e de sua família.

USUCAPIÃO – É a aquisição do domínio pela posse prolongada. Ação que permite ao seu autor adquirir legalmente o domínio de um bem móvel ou imóvel após ter mantido a posse desse bem durante um tempo estabelecido em lei sem oposição do legítimo proprietário.

USUFRUTO – É o direito real, conferido a alguma pessoa, durante certo tempo, que a autoriza a retirar de coisa alheia, frutos e utilidades, que ela produz.

USUÁRIO – Aquele em favor de quem é estabelecido o direito real de uso.

USURA – É o empréstimo de dinheiro feito a juros elevados, a uma taxa que ultrapassa os limites fixados na lei.

UTENTE – Título do direito de uso. O mesmo que usuário.

UTI POSSIDETIS (Direito Romano) – Interdito *retinendae possessionis*, tendo por objeto o possuidor de coisas imobiliárias contra turbações de terceiros ou suas pretensões à posse da coisa.

UXÓRIO (A) – Relativo ao cônjuge feminino (outorga uxória = outorga da mulher).

V

VALE – Espécie de ordem ou letra para transferência de fundos entre particulares.

VALIDAR – Tomar perfeito, tornar eficaz, legitimar, dar força e firmeza, surtir os efeitos próprios e lícitos, legalizar.

VALOR – É a estimação, preço ou valia de um bem ou serviço.

VALOR VENAL – Valor de venda de um bem, isto é, preço objeto de venda. Por exemplo, em matéria tributária relativamente ao imposto territorial e predial que incide sobre um imóvel, o lançamento e a cobrança têm por base de cálculo o valor venal do imóvel, conforme o que estatuem os arts. 32 a 34 do Código Tributário Nacional.

VANTAGEM – O mesmo que lucro ou proveito.

VENDA A CONTADO – É aquela em que o pagamento do preço é realizado imediatamente, no ato da tradição da coisa pelo vendedor.

VETO – Significa vedar, opor, proibir.

VEXATA QUAESTIO – Locução latina que significa “questão controvertida”, “que acaba gerando longas discussões”.

VÍCIO – É o defeito capaz de inquinar o ato jurídico. Resultante de dolo, erro, coação, simulação ou fraude. Pode acarretar a nulidade do contrato.

VÍCIO REDIBITÓRIO – São os vícios ocultos ou defeitos que tornam a coisa imprópria para o uso a que se destina.

VIGER – Ter vigência.

VINCENDO – Que está por vencer. O que ainda não é devido.

VISTA – Dias de vista. Vencimento. Dar vista de um processo: recebê-lo para nele responder ou despachar.

W

WARRANT – É o título de crédito nominativo, causal e à ordem, emitido pelos armazéns gerais, empresas públicas de silos, companhias de docas e de estradas de ferro, que confere ao seu portador o direito real de penhor sobre as mercadorias depositadas e nele especificadas, até a quantia enunciada no primeiro endosso.

WRIT – Termo inglês que significa mandado, ordem escrita, auto.

Y

YOMAN – Pequeno proprietário rural que, no tempo antigo, na Inglaterra, era detentor de gleba foreira de determinado valor por ano, o que conferia ao minifundiário o direito de ser votante e jurado.

Z

ZANGÃO – O mesmo que “zangano”. É a pessoa que faz negócios de corretagens sem estar matriculado com corretor. É um agente de negócios extra-oficial.

ZONA RURAL – Zona rural ou perímetro rural é a área de terra do município que se opõe à zona urbana.

ZONA URBANA – Onde se situam as cidades, as vilas, as povoações. É a parte do território que integra a cidade.

ZONEAMENTO – É a orientação que se observa em quase todas as cidades, cuja finalidade é a de separar a zona residencial da zona industrial, de acordo com seus interesses.

Índice Alfabético-Remissivo

Os números remetem às páginas da obra.

GRÁFICA PAYM
Tel. (011) 4392-3344
paym@terra.com.br